50歳からのやる気のツボ

心理カウンセラー
聰

はじめに

50代の人から、「最近、どうもやる気が出なくて」という声をよく聞きます。

傍目《はため》には「やる気」があるように見えても、実は無理していて「昔はもっとやる気が出たのに」と嘆きながら自分に鞭《むち》打って頑張っている人も多いようです。

病気を抱えていたり、仕事や生活面で大きなトラブルがあるわけでもありません。

普通の生活をしているのですが、何となくやる気が出てこないという状態です。

なぜでしょうか？


「セロトニン」というホルモンについて、聞いたことがある人もいるかもしれません。

このセロトニンがしっかり分泌されていると「やる気」が出ます。減少すると「うつ」を引き起こしたり、イライラしやすくなります。


40代以降になると、放っておくとセロトニンは減少していくと言われています。

また、前頭葉の萎縮《いしゅく》も、早い人では40代から始まります。

萎縮すると思考が平板になったり、感情コントロールがきかなくなります。

やる気が出ないとき、人は「気力が続かない」などと言います。

「やる気」、「気力」……どちらにも出てくる、この「気」とは、何でしょうか。

これは、その人が持っている「生命エネルギー」と言っていいでしょう。

「やる気が出る」と言うのは、その人が持っている「気」、つまり「生命エネルギー」が活性化していることを、反対に「やる気が出ない」のはエネルギーが停滞していることを意味します。

こういうこと、ありませんか？

□「休日は、ゴロゴロ・ダラダラしたい。出かけるのは面倒」
□「この1週間、20～30代とは業務連絡でしか話していない」
□「この3年、旅行に行っていない」

□「スーパーで買うものは事前に決めている。あれこれ見て選ぶことはあまりない」
□「この1年、新しい友人は特にできていない」
□「旅行や出張で使うホテルは、『いつもココ』と決めている」
□「この1週間、家族以外と雑談したのは60分以下」
□「お茶やコーヒーの銘柄は、いつも同じ」
□「服は、定番ものをローテーションしてるから、古くなったら買うくらい」

誤解しないでほしいのですが、これらが悪いわけではありません。効率的だし、いちいち考えなくていいのでラクです。

いっぽうで、**長年の試行錯誤の末に完成されたその効率性、ラクさ、変化のなさが、マンネリを生み、刺激のない毎日への入り口になり、「気」を停滞させ、やる気を出にくくしてしまう面もあるのです。**

50歳くらいになると、放っておくと「生命エネルギー」のレベルが落ちてきます。

50代は、役職定年や年金不安、介護、子供の問題、病気や健康の問題など、それまでは「先のこと」と思っていたことが、急に現実的に降りかかってくる時期です。ストレスもかかります。

昔と違い、まだまだ働かなくてはいけない人が大半の時代です。まだ若いと思っていても、体は変化してきています。

そういう状態で、変化のない仕事や生活に浸ってしまうと、ますます「やる気」が出にくくなってしまいます。

しかし、ちょっとメンテナンスをすれば、やる気の減退は防げるし、むしろ若い頃よりやる気にあふれているという状態にもなれるのです。

この本では、日々の生活の中で、お金や手間をかけなくてもできる、心と体のちょっとした習慣を紹介しました。取り入れやすいものから実践して、ぜひ「やる気」がわいてくる日々を手にして頂きたいと思います。

はじめに……2

第1章

50歳からは「がんばらなきゃ」は危険です

1 自分を大切にしないと「気」の力が弱まる……16
2 「無理をしない」ことがますます大事になる……18
3 生命エネルギーが弱まらないように注意する……20
4 昇進した時ほど、自分を大切にする……22
5 運動も、がんばりすぎれば体に悪い……24
6 50歳からは、自分に正直に生きる……26
7 「やりたいこと」への意欲を失わない……28
8 自分の長所をほめれば、元気になっていく……30
9 「ほめ日記」を書く……32
10 「自分を罰する言葉」が「やる気」を奪う……34
11 「不平不満」「グチ」「未練」が招くもの……36
12 「少欲知足」で、自分の人生を大切にする……38

第2章

身についた「処世術」と「ルーティン」が50代の落し穴

1 「必ずできる」という気持ちを忘れない……42
2 「できる」と思えば世界も自分も変わる……44
3 「プラシーボ効果」を活用する……46
4 一生懸命やっているうちに「楽しみ」が見つかる……48
5 脳の老化を防ぐ習慣……50
6 目標をクリアにする……52
7 言葉の力で「弱気」を「強気」に変えていく……54
8 確信すれば、乗り越えられる……56
9 これまでの経験にヒントが眠っている……58
10 今まで磨いてきた人間関係術を生かす……60
11 「気」が強まると「良い運気」を引き寄せる……62
12 「イメージする」ことで、より確信が強まる……64

第3章

長く続けてきた「自分への減点評価」をやめる

1 「天の気の流れ」に逆らわない …… 68
2 水のように「自然の法則」に従う …… 70
3 うまくいかない時の考え方 …… 72
4 無理に逆らおうとするから倒される …… 74
5 納得できないことの受け入れ方 …… 76
6 「無為自然」を心がける …… 78
7 「活躍の場」は無数にある …… 80
8 失うことが、きっかけになることもある …… 82
9 運の有無は考え方しだい …… 84
10 「病気だから健康的に暮らせる」という考え方 …… 86
11 失敗したら「いいネタができた」と考え直す …… 88

第4章

「新しいことにチャレンジ」がキッカケになる

1 「機」を逃さず動く……92
2 「機敏に生きる」を意識する……94
3 「直感」とか「予感」に素直に従う……96
4 「やる気」が行動力につながる……98
5 義務の中にも「やりたいこと」がある……100
6 「好きで、やりたいこと」だけ意識する……102
7 「今日やること」にだけ、意識を集中させる……104
8 「今に集中する」と進化する……106
9 余計なことを考えず無心で続ける……108
10 成果を実感できる「しかけ」を作る……110
11 やる気が出ない時こそ、体を動かす……112

第5章

セロトニンの減少を防ぐ「休み方」と「動き方」

1 「気休め」することで、元気が戻ってくる……116
2 積極的休養と消極的休養……118
3 「英気を養う」と「鋭気を養う」……120
4 朝の空気には「新鮮な気のパワー」が満ちている……122
5 早朝は集中力が高まっている……124
6 質の高い睡眠にこだわる……126
7 午前中は頭を使う仕事をし、午後は体を動かす……128
8 「快適な場所」に身を置く……130
9 趣味を持ち、生活に張りを与える……132
10 服装や持ち物で「変化」を楽しむ……134

第6章 どの世代の相手も尊重するコミュニケーションのコツ

1 相手が漂わせている雰囲気に気づく……138
2 「気を配れる人」が、やる気を失いにくい理由……140
3 相手の「無言のリクエスト」に気づく……142
4 「ゆずれる人」は元気でいられる……144
5 年下にも気配りを忘れない……146
6 古典に書かれた「高い生き方」……148
7 人に気を配れば、自分に返ってくる……150
8 人を助ければ、助けてもらえる時が来る……152
9 誠実に耳を傾けるだけで、気が合ってくる……154
10 「気が合う相手」を、自分から作っていく……156
11 愛する人を思うと元気になる……158

第7章

誰かの力になれれば自分の運気もアップする

1 「和気あいあい」とした雰囲気を作っていく……162
2 笑顔で「良い気」を交換する……164
3 笑顔は、良い運気となって戻ってくる……166
4 幸せな人と一緒に喜ぶと運気がアップする……168
5 誠実に「良いこと」をしている人を祝福する……170
6 ユーモアで笑顔と元気をシェアする……172
7 相手の「自己承認欲求」を認める……174
8 成長している人を積極的にほめる……176
9 相手の内面性をほめる……178
10 相手に寄り添うだけで、自分も元気になる……180

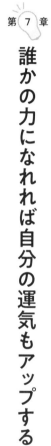

第8章

「会社のため」から「世の中のため」にシフトする

1 アドラーの「幸せの3条件」……184
2 世の中に気を配れば「何ができるか」見えてくる……186
3 貢献すると自己肯定感がアップする……188
4 自分の欲しか考えない人は、やる気を失う……190
5 社会貢献のために学ぶ……192
6 「会社のため」より「社会のため」……194
7 ドラッカーが説く「会社の目的」……196
8 やる気が枯れないシニアに学ぶ……198
9 「困っている人」と「詳しい人」をつなぐ……200

第9章

「やりたいこと」がますます大事になる

1 「やりたいこと」があるだけで元気になれる……204
2 停滞せず活発に動けるようにする……206
3 「やりたいこと」があると陽気になる……208
4 「やりたいこと」がキッカケで生まれ変わる……210
5 失敗を怖れると、「気」の力が弱まっていく……212
6 「気の力」が無尽蔵になる法則……214
7 妄想に振り回されず、やりたいことをする……216
8 コンプレックスがあるから「やる気」が出る……218
9 劣等感を上手に「負けん気」に変える……220
10 他人と関係なく、自分の気持ちを考える……222

カバーデザイン　大場君人

第1章

50歳からは「がんばらなきゃ」は危険です

1 自分を大切にしないと「気」の力が弱まる

50歳という節目を過ぎても元気に、やる気を高く持って生きていくために、とても大切なことがあります。

それは、「自分を大切にする気持ちを持つこと」です。

「気」の考え方では、ある意味、「自分＝気」なのです。

自分を大切にしないことは、自分が持っている「気」を大切にしないことでもあるのです。

ですから、自分を大切にしない人は、その人が持っている「気」の力も弱まります。

やる気もなくなり、元気もなくなっていきます。

一方で、自分を大切にする人は、その人が持つ「気」の力も強まります。若いとは言えない年齢になっても、やる気を高く持っていけるのです。

古代ギリシャの悲劇詩人に、ソフォクレス（紀元前５世紀）がいます。

ソフォクレスは、「みずから助けない者には、神は機会も力も貸してくれない」と述べました。

この言葉にある「みずから助けない者」とは、言い換えれば、「自分自身を大切にしない人」ということです。

そのような人は「気」の力が弱く、チャンスを引き寄せてくる力も、自分の能力を発揮する力もなくなっていく、ということを示しているのです。

逆の言い方をすれば、もしチャンスを引き寄せて成功したり、自分の能力を十分に発揮して充実した人生を実現するために大切なのは、「みずからを助ける」、つまり、「自分を大切にする」という意識を持ち、それを実践していくことです。

そうすれば、もちろん、何歳になっても、やる気も出てきます。

そういう意味のことを、ソフォクレスは、この言葉で語っているのです。


特に50歳以降は、「みずからを助ける人」が、元気になっていく。

2 「無理をしない」ことがますます大事になる

「自分を大切にする」とは、具体的にどのようなことなのかと言えば、たとえば、その一つは「無理をしない」ということです。

現代は、成果社会です。

何かしら成果を出さないと、誰からも評価されません。

特に、仕事ではそうでしょう。

成果を出し続けないと、いつお払い箱にされるかわからないという時代になっています。

そういう成果社会の中で、人は往々にして、成果を出すためにがんばりすぎてしまいがちです。

自分が持っている能力や体力以上にがんばって、そのためにダウンすることにもなります。

そのためにやる気を失って、何かと落ち込んだりすることが多くなります。悲観的なことばかり考えるようになるのです。

そういう意味では、自分を大切にするために、まずは「無理をしない」ということを心がけていくのがいいと思います。

自分の限界をよく知って、無理することなくがんばっていけば、その人が持っている「気」も健やかな状態で保たれます。

だからこそ、やる気を持って暮らしていけるのです。

50歳以上の人にとっては、成果を出すということももちろん大切なのですが、それよりも「自分を大切にする」ということを優先して考えていくほうが賢明です。

それでこそ、末永く、元気にがんばっていけます。

がんばりすぎると、やる気を失う。

3 生命エネルギーが弱まらないように注意する

よく「病《やまい》は気から」と言います。

病気になったり、病状が悪化するのには、「気の持ちよう」が強く影響している、という意味を表しています。

ですから、前向きな気持ちを持ち、いつも明るい気持ちでいれば、病気あるいは病気の悪化を予防できる、というわけです。

この言葉にある「気」は、このように一般的には、「気持ちの持ち方」という意味で使われています。

もちろん「気持ちの持ち方」が大切であるという点は間違いないのですが、いわゆる「気」の考え方に従って言えば、この「病は気から」という言葉にある「気」にはもう少し広い意味があります。

「気」という考え方で言う、この場合の「気」とは、「気持ちの持ち方」に留まらず、もっと広い意味での「生命エネルギー」なのです。

すなわち、「気」という、その人の「生命エネルギー」の力が弱まるに従って、免疫力が弱まって病気になったり、あるいは病状が悪化するのです。

従って、病気にならないためには、あるいは病状を悪化させないためにも、やる気や明るい気持ちを持つことは非常に重要なのです。

同時に、その人の持つ「気」、つまり「生命エネルギー」の力が弱まらないように注意しなければなりません。

そして、その「生命エネルギー」の力が弱まらないように注意すべきこととは、「無理をしない」ということなのです。

まだまだ若いと思っていても、50代と20代では明らかに異なります。真面目な人ほどがんばりすぎてしまうので、注意が必要です。

「明るい気持ち」と「無理しない」を心がける。

4 昇進した時ほど、自分を大切にする

精神医学に「昇進うつ」という言葉があります。

会社などで昇進したことをきっかけにして、気分が落ち込むようになり、うつ状態になる場合があるのです。

「昇進」とは、本来、喜ばしい出来事であるはずです。

しかし、そのために、なぜ落ち込んだり、悩んだりすることが多くなるのかと言えば、その原因はたいてい「がんばりすぎ」にあります。

「昇進」をきっかけに、「自分を昇進させてくれた人たちの期待に応えるために、がんばろう。管理職として、さらに大きな成果を出して会社に貢献しよう」と、大いに張り切ります。

それは必ずしも悪いことではないのですが、そこで自分の能力や体力を超えてがん

ばりすぎてしまうのです。

そのために、途中で心がダウンする結果になります。

エンジンが、その能力以上の力を発揮しようとすれば、どこかに故障が生じるのと同じことです。

ましてや私たち生身の人間は、自分の能力や体力を超えてまでがんばろうとすれば、色々なところに支障が出てきて当然なのです。

そういう意味では、**特に50歳以降は、昇進という喜ばしい出来事があった時こそ、「自分を大切にする」という意識を持って、「無理をしない」ということを心がけるほうがいいと思います。**

あくまでも平常心で、これまでと変わらず、たんたんと仕事を続けていくのです。

それが、結局は、「気」の働きを良くすることになります。その昇進をきっかけにしてやる気が出て、さらに飛躍することにつながるのです。

昇進しても、いつもと変わらず平常心で臨む。

5 運動も、がんばりすぎれば体に悪い

健康にいいことであっても、無理なことをすれば、やはり「気」の弱まる原因になり、そのために体調が悪くなることにもつながります。

健康にいいことも、「無理しない」ことを心がけて行っていくことが大切です。

次のような話があります。

ある男性は、健康のために、運動を始めました。

スポーツクラブに入会し、毎日通うようにしました。

さらに、マラソン大会に出場し完走することを目標に、スポーツクラブでの運動とは別に、ランニングも始めました。

しかも、1日10キロ走るというノルマを自分に課しました。

その結果、どうなったのかと言えば、結局、足の筋肉が肉離れを起こしたり、腰の

具合が悪くなったりして、スポーツクラブへは通えなくなり、ランニングも中止せざるを得なくなりました。

つまり、健康のために運動を始めたのはいいのですが、無理をしてまで、がんばりすぎたのです。

これでは「自分を大切にする」ということにはなりません。

むしろ「自分自身を、いいかげんに扱う。自分を軽く扱う」ということになります。

それでは「健康のため」ではなく、「健康を害するため」にやっているのと同じことになるのです。

従って、健康のためにいいことも「無理をしない」ということを心がける必要があります。

「無理をしない、適度な運動」を心がけてこそ、健康のために役立ち、「自分を大切にする」ということになります。

「無理のない運動」こそ健康にいい。

6

50歳からは、自分に正直に生きる

オーストリアの精神科医であり、精神分析学者だった人物に、ジークムント・フロイト（19〜20世紀）がいます。

フロイトは、「自分に正直に生きるということは、もっとも望ましい生き方である」と述べました。

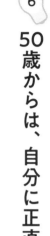

この言葉にある「自分に正直に生きる」には、色々な意味が含まれていると思います。たとえば、次のようなことです。

- **自分の「こんなことをしてみたい」という思いに正直に生きる。**
- **「これをしている時が楽しい」という思いに正直に生きる。**
- **自分の考え方、自分の感情に正直に生きる。**

つまり、このようにして「自分に正直に生きる」ということが、その人にとっての

「もっとも望ましい生き方である」ということです。

また、この「もっとも望ましい生き方である」ということは、言い換えれば、「もっとも元気が出る生き方である」という意味にもなると思います。

そういう意味で言えば、「自分に正直に生きる」とは、「自分を大切にする」ということにもつながるのでしょう。

つまり、「自分に正直に生きる」ということが、その人の持っている「やる気」を活性化し、その人を元気にしていくのです。

従って、自分のやりたくないことを嫌々ながら続けていく、といった生き方はしないほうが賢明だと思います。それは、「自分を大切にする」ということにはつながりません。

そういう生き方は「気」の働きを弱め、その人から元気を奪い取っていくからです。

「やりたくないことを嫌々やっていないか？」と自問自答してみる。

7 「やりたいこと」への意欲を失わない

「自分がやりたいこと」に正直に従って生きてこそ、やる気を持って生きていけます。

また、それが「自分を大切にする」という生き方にもなります。

とは言え、「自分がやりたいこと」だけをやって生きていけるほど、この世の中は甘くない、という現実もあります。

仕事にしても、家事にしても、人間関係の中でも、実は、「やりたくないこと」をしなければならない場合がたくさんあります。

また、「やりたくないこと」をしなければ収入も得られませんし、生活も成り立たず、周りの人たちと円満につき合っていけない、という側面もあります。

しかし、「やりたくないこと」を嫌々ながらやっていくだけでは、生活の中に楽しみを感じられず、やる気がなくなっていくのも事実です。

では、どうすればいいかと言えば、**「やりたくないこと」をしなければならないという現実に向き合いながらも、その中で、「自分がしたいこと」を実現していこうという意欲も忘れず、それを実現する努力を忘れないことが大切なのです。**

たとえば、会社であれば、上司からの命令であったり、取引先からの要請であれば、それが「やりたくないこと」であっても、しなければならない時はしょっちゅうあると思います。

その中で、自分のアイディアを生かした企画を提案してみるなどして、自分が「やりたいこと」の実現を目指して努力していきます。

そうすれば、「やりたいこと」だけをやってはいけなくても、その人の持っているやる気が活性化し、元気に生きていけると思います。

少なくとも、「やりたいこと」への意欲だけは失わないほうがいいと思います。

「やりたくないこと」をやりながら、自己実現を目指す。

8 自分の長所をほめれば、元気になっていく

自分を上手にほめる、ということが「自分を大切にする生き方」になります。自分をほめることで「気」の働きも良くなって、やる気や元気も出てきます。従って、「お前はよくやっている」「捨てたもんじゃない」と、自分をほめながら仕事をしたり生活していくのが良いのです。誰も見ていないのですから、恥ずかしがることはありません。

イギリスの哲学者にバートランド・ラッセル（19〜20世紀）がいます。『幸福論』の著者として有名です。

ラッセルは、「過度にならない程度に自己の能力を高く評価することが、幸福の一つの源である」と述べました。

この言葉にある「自己の能力を高く評価する」とは、自分の長所や、自分のすぐれ

た能力を、自分自身でほめる、ということでもあると思います。

そのようにして、自分のいいところを自分自身で強く意識し、それをほめることが「幸福の一つの源である」とラッセルは言うのです。

「幸福の源」とは、言い換えれば、「やる気の源」でもあると思います。

つまり、自分をほめることで、その人は幸福になり、やる気が出て元気になっていく、ということを言い表しているのです。

そういう意味で、ラッセルは、この言葉で、自分をほめることを勧めているのですが、注意すべき点も指摘しています。

それは、「過度にならない程度に」という部分です。

これは、「自信過剰になってはいけない」という指摘です。

自信過剰になると、かえって「気」の働きが悪くなり、幸福感ややる気を奪う結果になりやすいからです。

自信過剰になるほど、過度に自分をほめないようにする。

9 「ほめ日記」を書く

「何だか、やる気が出ない」と悩んでいる50歳の女性がいます。

気の合う友だちと一緒にいても楽しめないのです。

自分の人生を前向きに考えることもできませんでした。

そんな人生を変えるために、彼女が始めたことがありました。

それは、「ほめ日記」を書く、ということです。

「ほめ日記」とは、日記の中で「自分をほめる」のです。

たとえば、

「今日、私はよくがんばった。私はすごい」

「人に喜ばれることをした。私は、人にやさしい人である」

「怒りたくなったが、我慢して怒らなかった。私は自制心が強い」

「今日は、明るい笑顔を心がけた。私の笑顔は素敵だ」

このように日記の中で、自分をほめるのです。

そうすると、彼女は自分の良さを自覚できるようになりました。

そして、どんどんやる気がよみがえってきたのです。

人間関係も楽しくなり、人生を前向きに考えられるようにもなりました。

「ほめ日記」には、このように、人を元気にする心理効果があります。

もし「どうも、やる気が出ない」ということで悩んでいる人がいれば、この事例の女性のように「ほめ日記」を書くことを日々の習慣にしてもいいでしょう。

1日1つだけでもいいのです。「今日の自分は、こんなにすばらしかった」ということを1日1つずつ書き続けていくだけでも、心を元気にする効果を得られると思います。

大切なのは、続けていく、ということです。

1日1つ、日記の中で自分をほめる。

10 「自分を罰する言葉」が「やる気」を奪う

心理学に「自罰《じばつ》傾向」という言葉があります。

この言葉は、「自分で自分を罰するようなことを、無意識のうちに考えてしまう心理傾向」のことを言います。

たとえば、

「私って、どうしてこんなにダメなんだろう」

「オレみたいにバカな人間はいない」

「自分のために、みんなが迷惑している」

といった言葉です。

このような「自分を罰する言葉」をあまり使いすぎると、やる気が日減りしていきます。それに伴って、何をやるにしても消極的になります。

これは、「自分を大切にする生き方」にはつながりません。

むしろ、「自分で自分をダメにする生き方」になる可能性があります。

そういう意味からいえば、自分で自分を罰する言葉は、なるべく使わないようにするほうが賢明です。

むしろ、意識して、自分をほめるように心がけるほうが「やる気にあふれた毎日」を送っていくためには有効です。

この「自罰傾向」が強い人には、一般的に、まじめで、責任感が強い性格の人が多いと言われています。

まじめで、責任感が強い性格は決して悪いものではありませんが、そのために、つい、自分に厳しくなりがちなのです。

そういう意味では、このタイプの人は、自分をほめることも考え、もう少し大らかな気持ちで自分に向き合うほうが良いかもしれません。

自分を罰するより、ほめる。

11 「不平不満」「グチ」「未練」が招くもの

ヨガ哲学者に、中村天風《てんぷう》（19～20世紀）がいます。

中村天風は、「不平不満、グチ、未練は、価値のない世迷《よまよ》い事である。（意訳）」と述べました。

この言葉にある「不平不満」とは、たとえば、「こんな生活、もう嫌だ」といったように、今自分が置かれている状況に不平や不満を言うことです。

「グチ」も同様に、「こんな収入では、幸せになれない」といったように、自分の人生の現状を否定することです。

「未練」とは、「あの時、ああしていれば良かった」などと、過去の自分の判断や行動について後悔することを言うのです。

しかし、これらの言葉は、ある意味、今の自分の人生を否定的に考えることです。

今の自分の人生を素直に受け入れるのではなく、むしろ拒絶することです。

これでは「自分を大切にする」ということではなく、むしろ「自分を大切にしない」ということになってしまいます。

ですから、このような「不平不満」「グチ」「未練」といった言葉を口にしたり、頭の中で思っていたりすると、やる気がなくなり、さらに悪い状況をみずから呼び寄せることにもなるのです。

そういう意味のことを、中村天風は、「価値のない世迷い事」という言葉で表現したのです。この「世迷い事」とは、「心に迷いを生じさせるだけで、何の価値もない。むしろ悪影響を与えるだけの言葉だ」という意味です。

従って、**不平やグチといった否定的な言葉を口にするのではなく、もっと肯定的な言葉をいつも使うように心がけるほうが得策です。**


否定的な言葉ではなく、肯定的な言葉を使う。

12 「少欲知足」で、自分の人生を大切にする

「今の生活に満足する」

「今の自分に満足する」

このように「満足する」ということを心がけることが、「自分を大切にする」ということにつながります。

また、「満足する」ということが、「気」の働きを強め、やる気を持って元気に暮らしていく、ということに役立つのです。

そういう意味で、不満や不平ばかり言っているのではなく、意識して「満足する」ように心がけるほうが良いと思います。

仏教の創始者であるブッダ（紀元前5～4世紀）は、「少欲知足《しょうよくちそく》」という考え方を説きました。

この言葉にある「少欲」とは、「できるだけ、欲というものを小さくする」という意味です。

そして、「知足」とは、「満足することを知る」ということです。

不満やグチというものは「欲張る気持ち」から生じることが多いのです。

欲張ったことを考えるので、今の現実とのギャップが大きくなって、そこに不満やグチが生じます。

ですから、**欲をなるべく小さくして、現状の自分の人生に満足するように心がけるのです。**

その結果、幸福感が心に満ちてきます。

そうすると「気」の働きも良くなって、やる気を持って元気に暮らしていけます。

これが「自分を大切にする」コツにもなります。

「満足する心」を持つと、心が元気になる。

第2章

身についた「処世術」と「ルーティン」が50代の落し穴

1 「必ずできる」という気持ちを忘れない

「本気になる」という言い方があります。「自分なら必ずできる。実現することが可能だと確信する」といった意味です。

何を始めるに当たっても、重要な心がけだと思います。本気になってこそ、やりたいことや目標を達成することが可能になるからです。

しかし、人生経験を積んで50代くらいになると、

「本気になりたいとは思うけど、なかなか本気になれない」

「本気になってもうまくいかないとガクッとくる。そういう失望感や無力感はもうたくさんだ」

「べつに白けているわけではないんだけど、若い頃のように物事に熱くなれないんだよなぁ。ルーティンワークでもいいから、ラクなほうがいい」

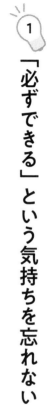

「あんまりガツガツやってるとカッコ悪いというか、周囲に笑われそうというか…。それより、これまでの経験から身につけた要領とか、誰に話せばスムーズに話が通るとか、この人を怒らせたらややこしくなるから先にあの人に話を通しておくとか、そういう処世術でやっていきたいんだよな」

といった人が多いのではないでしょうか。

もしかしたら、ずっと忙しくて、本心から自分が望んでいることに時間を割く余裕がなかったのかもしれません。

自分が望んでいないこと、つまり、その人が本心から「これをやってみたい」と思っていないことに対しては、人はなかなか本気になれません。

そういう意味では、仕事にしても、趣味にしても、あるいは勉強にしても、心から**「自分は、こういうことを必ずできる」というものを見つけ出すことが大切です。**

そうすれば、やる気を高く持って、本気を出して生きていけます。

自分が心から「やりたい」と思うことを見つけ出す。

2 「できる」と思えば世界も自分も変わる

詩人として活躍した人物に坂村真民《しんみん》がいます。仏教を深く信仰し、彼が書いた詩にも仏教思想の影響があります。

そのために、彼の詩は、仏教的な「癒しの詩」とも言われています。

坂村真民は、「本気になると世界が変わってくる。自分が変わってくる。変わってこなかったら、まだ本気になっていない証拠だ。本気な恋、本気な仕事。ああ、人間一度はこいつをつかまないことには」と述べました。

やはり「本気になって必ずできると信じる」ということの大切さについて述べられた言葉です。「自分ならできる」と確信し、「必ずやり遂げよう」と本気になって努力することがとても重要なのです。

本気になってこそ、「世界が変わり、自分も変わる」のです。

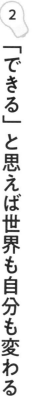

この言葉にある「世界が変わる」とは、わかりやすく解説すれば、「この世の中には、自分が大きなことを成し遂げるためのチャンスがたくさん秘められていると、肯定的にとらえられるようになる」ということを意味していると思います。

また、「自分が変わる」とは、「何事にも自信と確信を持って生きていけるようになる」ということを言い表しています。

「本気になって必ずできると信じる」ということで、自分を取り囲む世界への認識の仕方も、そして自分自身への意識の持ち方も、非常にポジティブになっていくのです。

何事にも「必ずできると信じる」ということが大切です。

「仕事」だけではありません。

現代の50代は、仕事だけしていればいいわけではなく、将来を見すえた副業、親の介護、自身の健康のマネジメントや病気への対応など、色々な課題を抱えています。

「必ずできると信じる」ことが、やる気を高く持って生きていくヒントになります。

「仕事」「勉強」「趣味」「やりたいこと」、すべてのことに本気になる。

3 「プラシーボ効果」を活用する

心理学に、「プラシーボ効果」という言葉があります。

この「プラシーボ」は、ラテン語で「ニセ薬」という意味があります。

ある患者さんに、医師が「この薬はとても効果があります。病状が改善するでしょう」と言って、ある薬を服用します。

しかし、その薬は、実は、よく効く薬などではなく、単なる栄養剤なのです。

しかし、その「ニセ薬」、つまり、単なる栄養剤を飲んだ患者さんは、信じられないほど病状を改善させることがあるのです。

では、なぜ単なる栄養剤でしかないものが、患者さんの症状を改善させたのかと言えば、そこにはある種の心理的な影響が働いたと考えられます。

すなわち、患者さんが「これで症状が改善するんだ」と確信したため、その心理的な効果から本当に病状が改善したのです。

このような傾向を、心理学では「プラシーボ効果」と呼んでいます。

人間にとって「必ず、こうなる」と確信することが、いかに強い影響力を持つかを物語っています。

そういう意味では、**仕事でも、やりたいことを実現することであっても、「必ず、こうなる」「絶対うまくいく」と確信することが大切になります。**

仕事ややりたいことを実現するに当たっても、やはり、「プラシーボ効果」が期待できます。

「必ず可能だ」と本気になって確信することで、心や体にやる気がみなぎってきます。その結果、よりエネルギッシュに、積極的に生きていけるようになります。

それが、充実した人生につながります。

「プラシーボ効果」を、自分の生き方に生かしてみる。

4 一生懸命やっているうちに「楽しみ」が見つかる

「自分が心からやりたいと思っていることを見つけること。そして、それが必ずできると信じる」ということが、「確信する」ことにつながります。

そして、自分がやりたいことに向かって、「必ずできる」と確信を持って本気で生きている人は、いつも「気」の働きが良く、やる気を失わずにいられます。

とはいえ、現実的には、「やりたくないことを、やらなければならない」という場面に直面することもあるかもしれません。

しかし、最初は本気になれなくても、とにかく一生懸命になってがんばるということが大切です。

一生懸命になると、自分なりに「楽しみ」が見つかります。そして、楽しみが見つかれば、だんだんと「必ずできる」と、やる気になっていくものなのです。

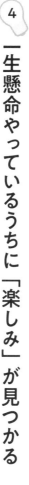

ある男性は、ずっと技術職として働いてきましたが、50歳になって間もなく、関連会社に転籍になり、営業を初めてやることになりました。

しかし、彼にとって営業は、やりたい職種ではありません。

ですから、当初は、「なぜ今更、不慣れな仕事を？」とやる気も出ず、本気にもなれませんでした。

しかし、彼は、「とにかく与えられた仕事は一生懸命がんばろう」と考え直しました。

そこで一生懸命になって営業をしていると、顧客の欲しがっているものが見えてくるようになり、少しずつではありますが、業績も上がってきました。上司からほめられ、同僚たちからも尊敬の目で見られるようになりました。

すると、営業という仕事がだんだんと面白くなってきたのです。

そして、今では、「実は私は営業という仕事に才能があったんだな。この仕事で必ず成功できる」と確信を持ち、本気で営業の仕事にまい進できるようになったのです。


「楽しみ」が見つかれば、やる気は出てくる。

5 脳の老化を防ぐ習慣

どんなことでもそうですが、自分の意思次第で「楽しみ」を見つけ出すことができます。**当初は「あまりやりたくない」と思っていたことでも、自分で「楽しみを見つけよう」と思っていれば、見つけることができます。**

そして、楽しみが見つかったことをきっかけにして、当初は「やりたくない」と思っていたことに、「必ずできる」と、やる気を持って取り組んでいけるようになります。そして、「私は、これでやっていける」と確信を持って考えられるようになります。

ある女性は、夫の転勤を機に、30年近く勤めた会社を辞めました。介護が差し迫ってきていたこともあり、主婦業と介護に専念することにしたのです。

しかし、介護にはやる気が出ませんでした。夫の母親との反りも、もともとあまり合わず、ストレスがたまり、やりたくなかったのです。

「このままではいけない、どうせやるなら前向きな気持ちでやれるように」と、介護について自分なりに勉強を始めました。

本を読んだり経験者に話を聞きに行ったりして、高齢者の気持ちや体の状態について知識を深めた結果、以前よりもストレスなく世話ができるようになりました。

そして今では「介護士の資格を取ろうかな」と現実的に考えるまでになっています。

50代になると、長年続けてきた習慣が自分のスタイルとして完成されてきます。自分にとっても最もストレスが少なく、快適で、ムダなく効率的なものが習慣として確立されてくるわけです。

しかし、そういった**「ルーティン」ばかり続けていると、人間はどんどん頭を使わなくなります。**そうすると、脳の老化が進んでしまいます。この女性は不本意ながら介護という新しいことをやる状況に置かれたわけですが、これからの50代にはこういった「ルーティン」の外にあることを意識してやっていくことが必要になると思います。

意識して「ルーティン」の外に出ることが大事。

6 目標をクリアにする

「必ずできる」と確信を持って物事に取り組むためのコツに、「目標を立てる」ということが挙げられます。

何の計画もなしに、ただ漠然と努力していくのでは、「必ずできる」と確信を持って本気で取り組む気持ちにはなかなかなれません。

ですから、まずは、計画を立てるのが良いのです。

この場合、「計画」は2種類のものを立てるのがいいと思います。

1つは長期的な計画で、もう1つは短期的な計画です。

長期的な計画とは、5年後、10年後を見すえた計画です。

たとえば、「10年後には、今やっている副業での収入を3倍にする」という長期的な視野に立った計画です。

次に、その長期的な目標に段階的に近づいていくための、短期的な目標を立てます。たとえば、「副業収入を安定させるためのＩＴスキルを、これから1年で身につける」といった計画です。

あるいは、「今やっている副業がうまくいかなくなった時のために、別の副業も収入が得られるレベルにしておく」といった計画です。

このように短期的な計画は、同時並行的に進められるものを複数立てておくのが良いと思います。

「いつもの仕事」「いつもの一日」に慣れすぎるとやる気は落ちがちですが、目標が明確になると、「必ずできる」という確信が生まれ、それと同時に、やる気が出てきます。

長期的な目標と、短期的な目標を立てる。

7 言葉の力で「弱気」を「強気」に変えていく

「弱気」という言葉があります。

何か思い通りにいかない事態に直面したり、失敗をして計画が滞《とどこお》ってしまうと、つい弱気になって、「本当にうまくいくのだろうか。もうダメではないのか」と、ネガティブなことを考えるようになります。

そのようにして弱気になると、さらにうまくいかない状況になっていったり、同じような失敗を何度も繰り返すことにもなりがちです。

50代のように年齢と経験を重ねてくると、自分の限界や、「これは簡単にクリアできるハードルではない」「厄介だ」といったことが瞬時にわかるようになってきます。

それは素晴らしい能力なのですが、ともするとそういう時、「クリアしてみせる」と意欲を持てずに「逃げよう。疲れるだけだ」と弱気になったりしてしまう人が多いのではないでしょうか。
そういう時は、「強気」になることが大切です。もう一度、「必ずできる」「自分なら、乗り越えられる」と、確信を持って、自分自身に言い聞かせます。そうすると、弱まっていた「気」の力がだんだんと強まっていき、「強気」で考えられるようになります。

強気になるために言葉を活用することができます。「言葉」というものは、人の心理面に強い影響力を持っているからです。

言葉の影響力を利用することで、「気」の力を強めて「強気」になることも可能です。従って、確信に満ちた、ポジティブな言葉を自分に言い聞かせることがいいのです。そうすれば「強気」となって、ふたたび元気を取り戻し、上昇気流に乗っていくことができます。

「強気」になれば、ふたたび上昇気流に乗れる。

8 確信すれば、乗り越えられる

「必ず成功する」と確信して物事を考えたり行動していくことで、「気」の力が強まっていきます。積極的に生きていくことができます。

つまり、強気で生きることで、人生は、いい方向へと開かれていくのです。

フランスの思想家にモンテーニュ（16世紀）がいます。

現実の人間について深く考え、そこから人間のより良い生き方について様々な提言をした哲学者です。

モンテーニュは、「強い心で立ち向かっていく人には、向こうのほうが逃げ出し、降伏するのである。だから、断じて強気でいかねばならない」と述べました。

この言葉にある「強い心で立ち向かっていく」とは、言い換えれば、「必ず成功する」と確信し、強気で生きていくということです。

そうすれば「どんな困難や障害に直面しても、向こうのほうが逃げ出し、降伏する」と指摘しています。

わかりやすく言えば、「強気で生きることで、どんな困難や障害も乗り越えられる」ということです。人間にとって、「気」を強くして、「強気」で生きることが、いかに大切かということを言い表している言葉です。

経験や知恵を積んできた人ほど、理性的に考えたり、どうすればうまくいくかと考えて物事を解決しようとします。解決できそうにないとなると避けて通ってしまう傾向が出てきます。しかし、「必ずできる」という強気な気持ちを湧き立たせているかどうかが、何歳になっても非常に重要なのです。

ここで言う「強気」とは、もちろん、「傲慢《ごうまん》」とか「自信過剰」という意味ではありません。気を強くして、何事にも負けない強い心を持つことなのです。

大人ほど「強気」を意識することが大事。

9 これまでの経験にヒントが眠っている

アメリカの哲学者に、ラルフ・ウォルド・エマーソン（19世紀）がいます。人間の持つ「精神的な力」を強く信じ、のちのアメリカの成功者たちにも大きな影響を与えた哲学者です。

エマーソンは、「克服することができると信じる者は、必ず克服することができる。この人生の第一課を学ばなかった者は、怖れを克服できないまま日々を過ごす」と述べました。

人生では、様々な形で困難に直面することがあります。

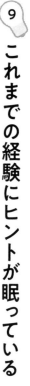

その時、人は、ともすると弱気になって「自分は、もうダメかもしれない」とネガティブなことを考えてしまいがちです。

しかし、そんなふうにして弱気になっていけばいくほど、一層悪い状況へとはまっていくことになるのです。

そうならないために、「この困難を必ず克服できる」と、確信を持って考えることが大切です。そう確信することで、困難を克服していけます。

では、どうすれば、そのような確信を持てるのかと言えば、その方法の一つに「過去の経験を思い出す」ということがあります。

日々忙しくて忘れているかもしれませんが、50代の人の多くは、過去にも何か困難なことにぶつかったけど、それを克服した、という経験を持っているのではないでしょうか。

たとえば、「以前、上司から叱られたことがあるけど、それにめげずに立ち直って、その上司を見返すことができた」といった経験です。

その時のことを思い出せば、「今回も、私なら、必ず克服できる」と、やる気が出てきて、確信を持って強気で考えることができるようになります。

過去の成功体験を思い出すと力になる。

10 今まで磨いてきた人間関係術を生かす

困難な状況にぶつかった時があっても、「私なら、この状況を必ず乗り越えていける」と確信を持って、強気で生きていくことができる人がいます。

そのようなタイプの人に共通することが一つあります。

それは、周りに「支えくれる人」がたくさんいる、ということです。

たとえば、いい家族に恵まれている状態です。厳しい状況にあろうとも、「あなたなら大丈夫」「私は信じている」と言って励ましてくれる家族が身近にいるのです。

また、「私にできることがあれば、力を貸します」と応援してくれる友人もたくさんいます。仕事の関係者たちの中にも、いいアドバイスをくれたり、場合によっては助けてくれる人もいます。

そのように周りに「支えくれる人」がたくさんいる人は、困難な状況にあっても、

「支えてくれる人、励ましてくれる人、助けてくれる人がたくさんいるから、必ず抜け出せる」と、確信を持ってチャレンジしていくことができるのです。

周りの人たちと人間関係がうまくいっていない人は、信頼関係がないので、困難な状況に陥った時に、誰も力を貸してくれません。そうなれば、確信を持って「自分は必ずできる」などと考えることは不可能になるでしょう。

そういう意味では、日頃から、周囲の人間関係を大切にしていくことが大切だと思います。

困ったときだけ寄ってくる人を、人は信用しません。相手が困っていたらちょっと声をかけてあげるとか、良い情報があったら教えるとか、普段から、人間関係のメンテナンスをしておくことが重要です。

これまで培《つちか》ってきた処世術を、この人間関係のメンテナンスにフルに生かしたいものです。

日頃から周りの人たちとの信頼関係を大切にしていく。

11 「気」が強まると「良い運気」を引き寄せる

人が持つ「気」というものは、その人の「運気」と関連しあっています。

「気」が高まるにつれて「運気」も高まり、その人には、思いがけずに、いいことがたくさん起こるようになります。

一方で、「気」の働きが弱まると「運気」も弱まって、嫌なことを経験したり、不幸な目にあうことになりがちです。

人間が幸福な人生を実現するためには、もちろん、みずからそのために努力することが大切です。

ただし、それと同時に、「運に恵まれる」ということも大切な要素の一つになります。

たとえば、いい相手を見つけて、小さなビジネスを一緒に始めるといったケースでは、もちろん本人の努力も必要です。

しかし、「いい人と知り合う」ということには、運の要素もあるのです。

言い換えれば、そういう意味から言っても、「気を高めることによって、運気を高める」ということを心がけていくことも大切です。

そして、その方法の一つが「確信する」「必ずできると信じる」ということです。

特別、何かしらの根拠がなくても、かまいません。

心から、そう信じるだけでいいのです。

確信すると、その人の「気」の働きが強まります。

元気になって日々、イキイキと生きていけるようになります。

いわば、気が強くなるのです。

そして、その「強い気」に「良い運気」が引き寄せられてきます。

その結果、幸せに生きていけます。


根拠なくても、「必ず幸せになれる」と信じる。

12 「イメージする」ことで、より確信が強まる

「必ずできる」という確信を強める方法のひとつに「イメージする」というものがあります。

たとえば、「会社を辞めて独立して、フリーランスとしてやっていきたい」という希望を持ったとします。

その際には、実際にフリーランスとして活躍している自分をイメージしてみるのです。取引先と商談したり、いろんな会社の担当者と楽しく仕事をしている自分自身の姿をできるだけ具体的にイメージするのです。

そのようにして「イメージする」ことで、「私には必ずできる」という確信が強まっていきます。

それに伴って、「気」の働きも良くなります。どんどんやる気が出てきて、そのや

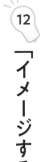

りたいことの実現のために努力していく意欲も増していきます。

そんなイメージをより明確化するために、実際にフリーランスで成功している人の講演会などに参加してみてもいいでしょう。

そして、その成功者の姿に自分自身を重ね合わせてみるのです。

講演している成功者と同じように、自分も成功者として多くの人たちの前で講演しているシーンをイメージしてみるのです。

そうすることで、イメージがより明確化します。

イメージが明確化するほど、「必ずできる」という確信もより強まっていきます。

また、自分が憧れているような実業家が本を出していたら、その本を読んでもいいでしょう。

そうすることでもイメージが明確化し、「必ずできる」という確信も強まります。


憧れている成功者の話を聞いたり本を読む。

第3章

長く続けてきた「自分への減点評価」をやめる

1

「天の気の流れ」に逆らわない

「気」というものは、一つには、その人の内部に存在します。

しかし、そればかりではありません。

「気」の考え方に従えば、この世に存在するすべてのものには「気」が満ちています。樹木にも「気」があれば、花にも「気」があり、空に浮かぶ雲にも「気」があり、小鳥も「気」を持っています。

そんな外界の「気」の流れに従って、また、外界の「気」を上手に自分の中に取り入れていくことも、元気に生きていくための大切なコツの一つになります。

「天気」という言葉があります。

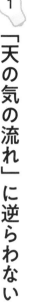

これは、「天の気」を示します。

「天気」というと、一般的には、「今日は晴れている」とか「明日は雨だろう」というように、気象という意味で使われていますが、「気」の考え方でいう「天気」とは、もっと大きな意味で「人間の運命を決定するような気の存在。この世界、この宇宙を支配しているような気の存在」を意味しています。

このような大きな意味での「天の気」の流れを読み取り、その流れに逆らうことなく、素直に従って生きていくことも、「気」の考え方では、幸せに元気に生きていくための大切な方法の一つなのです。

たとえば、人間は毎年、年齢を重ねていきます。

この「老いる」という現象も、大きな意味での「天の気の流れ」と言えます。

ですから、**「老いるのは嫌だ」「若い世代に負けたくない」「昔できたことができない自分を許せない」と、「天の気の流れ」に逆らった形でやる気を出そうとするのではなく、今の自分の年齢に合ったやる気の保ち方、人生を楽しむ方法を考えるのです。**

それが、年齢を重ねても、やる気を高く持って生きていくコツの一つになります。

今の年齢に合ったやる気の保ち方を考える。

2

水のように「自然の法則」に従う

古代中国の思想家である老子（紀元前6世紀頃）の言葉に、**「上善《じょうぜん》、水の如《ごと》し」**というものがあります。

この言葉にある「上善」には、「最善の生き方」という意味があります。この言葉は、「最善の生き方とは、水のような生き方をすることである」と指摘しているのです。

では、この「水のような生き方」とは、どのようなものかと言えば、それは、一言で言えば、「自然の法則に逆らわず、それに従って生きる」ということです。

たとえば、水は、高いところから低いところへ向かって流れます。それが、自然の法則だからです。

水は、この自然の法則に逆らって、低いところから高いところへと向かって流れてはいきません。

それと同じように、人間も自然の法則に素直に従って生きていくのが、もっとも幸せな生き方になる、というのが老子の考え方です。

これは、「天の気に従って生きるのが良い」という、「気」の考え方とも似た部分があると思います。

「気」の考え方にある「天の気の流れ」と、老子の言う「自然の法則」には共通する部分が多いのです。

この老子の「自然の法則」、あるいは「天の気の流れ」に逆らおうとすれば、精神的に苦しくなっていくばかりです。ですから、従っていくほうが、明るい気持ちで、元気に生きていけます。

「自然の法則」に無理に逆らうと、心が苦しくなっていく。

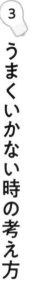

3 うまくいかない時の考え方

人生には、「何をやってもうまくいく時」があります。

また、それとは反対に「何をやってもうまくいかない時」もあります。

このように「調子がいい時」があれば「調子が悪い時」があるのも、人間が持つ「自然の法則」であり、また、自然な「天の気の流れ」と言えます。

そのような「自然の法則」や「天の気の流れ」に逆らうことなく、素直に従って生きるほうが、やる気を失わずに生きるコツにもつながります。

もちろん「調子がいい時」はいいのです。

自然に表情も明るくなり、やる気にあふれて生きていけます。

問題なのは「調子が悪い時」、「何をやってもうまくいかない」という時です。

このような時、人は、往々にして、「この状況から早く抜け出したい」と、気持ちが焦ってきます。そして、無理なことをして、うまくいかない状況から抜け出そうとします。しかし、それは「自然の法則」「天の気の流れ」に逆らうことなのです。

そのような無理なことをすれば、事態をさらに悪化させることにもなりかねません。その結果、自分を責め、精神的にも一層苦しい状況に追い込まれていくのです。

ですから、うまくいかない時は、自分を責めるよりも、そのうまくいかない状況を楽天的に受け入れてしまうほうが得策です。

たとえば、「うまくいかない状況があるからこそ、自分はそこから多くのことを学び、人間的にも成長できる」と、ポジティブに考えることができれば、その「うまくいかない状況」を楽天的に受け入れることができるでしょう。

そして、受け入れたほうが、うまくいかない状況の中でも、やる気を失わずに生きていけます。

「うまくいかない状況を無理して抜け出したい」と思わない。

4 無理に逆らおうとするから倒される

イソップ物語に、「アシとカシの木」という話があります。

この話に登場する「アシ」とは、水辺に生えている背の高い弱々しい草のことです。

また、「カシ」とは、大きな木の一種です。

ある日、このアシとカシが生えている土地に、台風がやって来ました。

ものすごい風が吹き、カシの木は根こそぎ倒れて、川の中に投げ込まれてしまいました。そこには、アシが生えていました。

しかし、そのアシは台風の被害にはあわず、倒されることがなかった様子でした。

倒れたカシは、そのアシに言いました。

「おまえは私よりもか弱くて、ヒョロヒョロしているのに、どうして台風の強い風に倒されずにすんだんだ？」と。すると、そのアシは、

「あなたは、強い風に向かって逆らおうとしたものだから、根こそぎ倒されたのです。私のように、どんなに強い風が吹いても柔軟になびいていれば、倒されることはないのです」と答えました。

アシは草ですから、風が吹いても柔軟になびくことができます。ですから、倒されずに済んだのです。

この話に出てくる「台風の強い風」とは、「人間の運命」の例えです。

つまり、もし自分の運命のために大変厳しい窮地に陥るようなことがあったとしても、無理をしてまでその運命に逆らおうとすると、かえって「根こそぎ倒されることになる」のです。

つまり、その窮地に負けることになるのです。

ですから、「その厳しい状況に逆らおうとするのではなく、柔軟に受け入れてやり過ごすほうが賢明だ」、と、このイソップの話は指摘しているのです。

運命には柔軟になびいていくほうが良い。

5 納得できないことの受け入れ方

人間の「運命」も、「気」という考え方に従えば、「天の気の流れ」と言えます。

従って、どのような運命にあおうとも、それに逆らおうとするのではなく、柔軟に受け入れていくほうが賢明だとするのも、「気」の考え方の一つです。

ある50代の女性には、20代の頃、つぎのような経験があると言います。

彼女は、ある衣料品の販売店で働いていました。

彼女は一生懸命にがんばって、売り上げも伸ばしていました。

しかし、その店のオーナーの放漫《ほうまん》経営のために、店がつぶれたのです。

彼女は納得いきませんでした。

「私はあれほどがんばって売り上げを伸ばしていたのに、どうして店がつぶれて、私が職を失う羽目にならなければいけないのか」と、どうしても納得がいかなかったのです。

もちろん、その店のオーナーにも苦情を言いましたが聞き入れられず、彼女は「私の言い方が悪いのかな」と自分を責めたりもしました。

しかしある時、彼女は、「納得できない」と、いくらオーナーに苦情を言っても、店が再建されるわけではないし、自分の未来が開けるわけでもないことに気づきました。

そこで、この運命を受け入れ、「これまでの経験を再就職先で生かして、さらにステップアップしていこう」と、前向きに考え直すことにしました。

すると、落ち込んでいた気持ちが楽になり、これからの人生を良い方向へ切り開いていく意欲も出てきたのです。

実際、彼女は、再就職した衣料品販売の店で、今でも明るく元気に働いています。

たとえ厳しい運命であっても、それを「天の気の流れ」として受け入れ、前向きに発想の転換をすれば、やる気を出して、元気に出直すことができるのです。


どんな運命であれ「天の気の流れ」として受け入れる。

6 「無為自然」を心がける

「**無為自然**《むいしぜん》」という言葉があります。

この言葉にある「無為」には、「自分の運命に無理をして逆らうことなく、その為《な》すがまま生きる」ということです。また、「自然」には、「あるがままに生きる。自然に生きていく」という意味があります。

すなわち、この言葉は、「運命に逆らわず、為すがまま、あるがまま、自然に生きていく生き方」を言い表しています。

そのような「無為自然」の生き方が、人間にとって、もっとも良い生き方である、ということを説いている言葉なのです。

また、この「無為自然」は、老子が説く「水のような生き方」や、「気」の考え方にある「天の気の流れに従う」という生き方にも通じるものがあるように思います。

では、どのようにすれば「無為自然」な生き方ができるかと言えば、そのために大切なことは「楽天的である」ということにあると思います。

人の運命というものは、時に、その人に厳しい試練を強います。

たとえば、仕事で失敗したり、上司に叱られる、ということも、そんな「厳しい試練」の一つでしょう。50年も生きていれば、誰しもそういう試練に遭遇したことがあるのではないでしょうか。

こういう状況を受け入れるのは難しいかもしれません。

しかし、「こんな失敗をするなんて、自分で自分を許せない」、「自分は悪くないのに、上司から叱られるなんて受け入れられない」などと考えて運命に逆らうよりも、むしろ「失敗することで勉強になった」、「叱られて、精神的に強くなれた」と楽天的に受け入れるのです。そのほうが、その後、気持ちを入れ替えて、あるがままの自分として、自然に、やる気を失わずに生きていけるのです。

運命に逆らうよりも、為すがままに受け入れる。

7 「活躍の場」は無数にある

次のような話があります。

パラリンピックなどの世界大会で活躍しているスノーボードの日本人選手（男性）がいます。

「パラリンピック」とは、身体に障害がある人によって競われるスポーツの世界大会です。通常、オリンピックと共に実施されます。

この日本人選手は、健常者としてオリンピックを目指していました。

しかし、練習中に大ケガを負ったのです。

そのケガが元で、下半身を自由に動かせなくなって、「オリンピックに出場して活躍する」という夢は絶たれました。

当初、彼は、その運命をなかなか受け入れられずに思い悩んだり、落ち込んだりして、すっかり元気をなくしてしまいました。

しかし、このままでは新しい人生は開けないと考えた彼は、その運命を受け入れることにしました。

まさに無為自然の精神で、この運命に逆らわず、為すがまま、あるがまま、自然に運命を受け入れていこうと決めたのです。

その結果、確かにオリンピックには出られなくなったものの、今度は、「これでパラリンピックに出場できるチャンスを得られた。パラリンピックで大活躍してやろう」というやる気と夢を持てたのです。

そして、そのおかげで復帰でき、実際に、パラリンピックなどの世界大会で大活躍できるようになったのです。

厳しい運命でも、このように楽天的に受け入れることで、やる気が出てきて新しい人生が開けます。

一つの「活躍の場」を奪われても、別の「活躍の場」がある。

8

失うことが、きっかけになることもある

人にとって「活躍の場」は決して一つだけではありません。

その人にとっての「活躍の場」は、無尽蔵なのです。

従って、ある分野で活躍の場を奪われたとしても、そこで悲観的になる必要はありません。楽観的な気持ちで、また新たな活躍の場を探せばいいのです。

ある地方出身の女性は、高校を卒業後、東京に来て劇団に入りました。

女優になるのが、彼女の夢だったのです。

しかし、劇団の活動では収入をほとんど得られなかったので、生活費のためにレストランでアルバイトを始めました。彼女は料理も得意だったのです。

それから1年後、劇団から、「あなたには才能がない。もう女優になるのは諦《あきら》めたほうがいい」と言われました。

もちろん彼女は納得できませんでした。別の劇団を探して、あくまでも女優を追い求めようかとも考えました。

しかし、ちょうどその時、アルバイトをしていたレストランで、彼女が作る料理がおいしいと評判になり、お客さんがドンドン増えていきました。

彼女は元気になり、レストランで働くことにも面白みを感じ始め、その後自分のお店を持って料理を作っているのです。

今では「料理人こそ自分の天職」と感じているのです。

ある一つの「活躍の場」を失うことは、自分にとっての本当の意味での「活躍の場」を得るきっかけになる場合もあります。

どんな場合でも悲観的になるのではなく、楽天的に自分の将来を考えると、やる気が保てるのです。

挫折が、新たな活躍の場を見つけるチャンスになることもある。

9 運の有無は考え方しだい

「私は運がない」と言う人がいます。

しかし、それは本当の意味で「運がない」のではなく、本人が「自分は運がない」と思い込んでいるだけなのかもしれません。

では、なぜ、その人は「自分は運がない」と言うのかと言えば、それは、その人が「天の気の流れ」に逆らおうとしているからだと思います。

たとえば、会社で、自分が望んでいない部署への配属が決まったとします。配属になったその部署は、その会社の中ではあまり注目されていない部署なのです。社内で期待されている、いわゆる「できる社員」が集まるような部署ではありません。

そんな時、「なんて自分は運がないのだろう」と、嘆く人もいるかもしれません。

しかし、楽天的に自分に与えられた運命を受け入れて、発想の転換をすれば、「ライバルの少ない部署に配属されて、むしろラッキーだ。この部署でがんばれば、注目を浴びやすい」と考えることができます。

このようにポジティブに発想の転換をすることができれば、「運がない」どころか、むしろ「運がある」ということになります。

このように**「運がない」か「運がある」かは、実は、その人の考え方次第と言えるのです。**

もしそうならば、どのような運命にあろうとも、そこに楽天的にポジティブな面を見つけて、「私には運がある」と考えるほうが得策です。

そのほうがやる気が出てきて、運も良くなります。

どんな運命にあっても「運がある」と考えることができる。

10 「病気だから健康的に暮らせる」という考え方

「一病息災《いちびょうそくさい》」という言葉があります。

この言葉は、「一つくらい病気があるほうが、むしろ健康的に生きていける」という意味を表しています。

何かしら慢性的な病気がある人は、普段から、自分の健康に気を使っているものです。

今ある病気が悪化しないように、また、その病状が改善するようにと、食事に気を使ったり、適度な運動を心がけたり、健康に悪いことを避けるように努力しているのです。

そういう努力が幸いして、慢性的な病気がある人は、むしろ健康的に生活している人が多いのです。

何の病気もなく、自分の健康に自信を持っている人のほうが、無理なことをして重い病気にかかる、ということもあります。

そういう意味でいえば、何か病気の一つでもあるほうがいいと楽天的に考えることができるのかもしれません。

まさに一病息災で、自分の健康に気をつけ、健康的な生活を送るチャンスを得られるからです。

従って、慢性的な病気が何か見つかったとしても、それで「自分は運が悪い」などと悲観的になったり自分を責める必要はまったくないのです。

その病気を素直に受け入れて、「この病気のおかげで、この病気以外は健康でいられる」と楽天的でいられれば、病気があっても気落ちすることなく、やる気を持って暮らしていけます。

そして、それは、むしろ「運がいいこと」なのです。

慢性的な病気があることは「運がいいこと」になる。

11 失敗したら「いいネタができた」と考え直す

たとえば、次のようなことがあったとします。

観光ガイドを読んでいると、ある観光地について、すばらしい紹介記事がたくさん載っています。

その観光地に行けば、これまで経験したことがないような感動をたくさん得られる、というのです。

風景は美しく、食べ物はおいしく、宿泊先のサービスも抜群で、人もやさしい、というのです。

そんなにすばらしい観光地なら、ぜひ行ってみたいと思う人は多いでしょう。

しかし、実際に行ってみると、風景は月並みで、食べ物もそれほどではなく、宿泊先のサービスもあまり良いとはいえなかった……といった経験をすることもあるのではないでしょうか。

そんなガッカリな経験をした時、「来るんじゃなかった」と考える人がいるかもしれません。

しかし、そのようなネガティブな発想をしたら、テンションが下がるだけだと思います。

こういうケースでは、たとえガッカリしたとしても、「これを話のネタにして、友人たちに話したら、さぞいい笑い話になるだろう」と、一旦考え直してみるのです。

そうすれば、そのガッカリした気持ちが、プラスの方向に変わっていきます。

そして、そんな観光地へ旅行したことも、「いい経験をした」と、後で楽しく思い返せるのではないでしょうか。


失敗は「笑い話」に変えてしまえばいい。

第4章

「新しいことにチャレンジ」がキッカケになる

1 「機」を逃さず動く

「機《き》」という言葉があります。

たとえば、「機会」という言葉にある「機」です。

この「機」には、わかりやすく言えば、「チャンス」という意味があります。

そして、この「機」と「気」とは深く影響し合っていると言われています。

たとえば、テレビを見ていて、百歳になっても元気で暮らしている女性が、健康法として「音読」をしている、という話を聞いたとします。

「音読」とは、声を出して本とか新聞を読むことです。

この百歳の元気な女性は、近所にある音読教室に定期的に通っている、という話なのです。

テレビでそんな話を聞いて、「私もぜひ音読をやってみたい」と思ったとします。

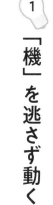

この「何かをやってみたい」という熱意が生じた時は、「気が高まっている状態」とも言えます。

そして、そのようにして気が高まっている時には、「機」を逃さないということが大切です。つまり、やりたいことができた時は、そのチャンスを逃さずに、すぐに行動する、ということです。

50代になると、つい新しいこと、不慣れなことをやるのが億劫になりがちですから、とりわけこの「機を逃さず行動」が大事になってきます。

もし、その時、「面倒だから、後にしよう」などと考えて、せっかくの「機」を逃してしまうと、そのうちに「気」の働きもだんだん弱まっていって、結局は「やりたい」と思ったことを何もしないまま終わることになりかねないのです。

従って、気が高まった時は、その「機」、つまりチャンスを逃さないほうが良いのです。これが、やる気を高く持って生きる重要なポイントです。

やりたいことが出てきたら、すぐに行動してみる。

2 「機敏に生きる」を意識する

「機を逸《いっ》する」という言い方があります。

この言葉にある「逸する」とは、「逃す」という意味です。

「機」とは「物事のチャンス」であり、つまり、「機を逸する」とは「チャンスを逃す」ということを表現している言葉です。

一方で、「機敏」という言葉があります。

これは、「機に敏感である」ということを言い表しています。

これは、わかりやすく言えば、「チャンスが巡って来た時、機敏に反応して行動する」ということを示しています。

「気を逸する」ということは、その人にとって決して良いことではありません。

せっかく「こんなことをやってみたい」という意欲や熱意が生じたのに、チャンスを逃したら、その人は後々、自分の人生にむなしさを感じることになるのではないでしょうか。

また、「あの時、どうして、やりたいことにチャレンジしなかったのだろう。どうして、すぐに行動しなかったのだろうか」と、後悔の感情を引きずることにもなりかねないのです。

ですから、人間は「機敏に生きる」ということが非常に大切なのです。

それは、「これをやってみたい」という意欲や熱意が生じて、それに伴って、その人が持つ「気」というものが高まっていく、そのチャンスを逃すことなく、すぐに行動に移す、ということです。

すぐに行動すれば、その意欲と熱意は、その後ずっと持続していきます。

その人自身も、やる気を持って生きていけるのです。

機敏に行動すれば、やる気をずっと持続していける。

3 「直感」や「予感」に素直に従う

「直感」とか「予感」といった心の働きがあります。

この「直感」とか「予感」とか呼ばれるものも、「気の働き」と考えていいと思います。

心の奥底のほうからわき上がってくる「気」の働きです。

たとえば、直感で、「海外へ旅行したら、とても楽しいことが起こるのではないか」と思うことがある人もいます。

あるいは、「山登りを始めたら、これまで経験しなかったような、すばらしい未知の経験をできるのではないか」という予感が働くことがある人もいます。

これは、ある意味、心の奥からわき上がってくる「気」の働きが非常に活性化している証《あかし》なのです。

従って、その「気」の働きを生かすためにも、そんな直感や予感に従って、やりたいと思ったことに積極的にチャレンジするほうがいいと思います。

実際に行動することによって、脳も活性化され、心身ともに元気になっていくでしょう。

そして、自分の生き方に大きな満足感と充足感を得ることができます。

そういう意味では「直感」とか「予感」といったものをあまりおろそかにしないほうがいいと思います。

その直感とか予感に素直に従うことで、思いがけない幸せをつかむこともできるかもしれません。

直感とか予感とか呼ばれるものには、思わぬ「幸福のヒント」「元気に生きるヒント」が含まれているかもしれないのです。


直感や予感に「やる気」を高めるヒントがある。

4 「やる気」が行動力につながる

人の心の中で、「やる気」が満ちあふれることがあります。

その満ちあふれたやる気が、その人の体を動かすエネルギーになります。

どのように自分の心の中に「やる気」を満たしていくかを考えることが、50代が行動力を衰えさせない上で大切になります。

その方法の一つとして、気持ちの持ち方を、「やらなければならない」という発想から、「やりたい」という発想に変える、というものがあります。

「今月のノルマを達成するために、とにかく数多くの取引先を訪問しなければならない」

「あの人との約束だから、何はともあれ、やらなければならない」

といったように、自分に「〜をやらなければならない」とプレッシャーをかけすぎると、「やる気」が減退していきます。

やる気は、プレッシャーに弱いのです。

強いプレッシャーがかかると、たちまちなくなってしまいます。

むしろ「やりたくない」という気持ちが勝《まさ》ってきます。

50代になると、この「プレッシャーがかかると、やる気がなくなる」傾向が強まっていきます。

そのために、行動力も出ません。従って、「やらなければならない」と思うのではなく、たとえばやり終えた後の自分へのご褒美を作るなどして、できるだけ「やりたい」と思うように心がけます。

「やりたい」という思いは、その人の「やる気」を活性化させます。

ですから、行動力もわいてきます。

その結果、前に向かって、元気に走り出すことができます。

「やらなければならない」と自分にプレッシャーをかけすぎない。

5 義務の中にも「やりたいこと」がある

日常生活の中には、「やらなければならないこと」がたくさんあります。

仕事のこと、家事のこと、人づき合いなど、「やらなければならないこと」が数多くあります。

しかし、「あれもやらなくちゃ、これもやらなければならない」と、自分にプレッシャーをかけすぎると、かえって「やる気」や「行動力」といったものが出てこないのです。

そのために「やらなければならないこと」を横に置いたまま、テレビをボーッと見ながら時間を無駄にする、ということにもなりかねません。

そうならないためには、「やらなければならない」から「やりたい」に発想を転換することが大切になります。

その発想の転換のコツは、「やらなければならない」の中に「やりたい」を探す、ということです。

たとえば、営業の目標を達成するために、取引先を回って少なくとも3件の契約を取らなければならない、という状況があったとしましょう。

そこで「目標を達成しなければならない」「少なくとも3件の契約を取らなければならない」ということばかりに意識を奪われると、「やる気」が減退してしまいかねません。

そこで、「私は人と会うのが好きだ。とにかく数多くの取引先を回って、たくさんの人に会って話をしよう」と考えてみるのです。

そうすると、その「〜したい」という思いが「やる気」を活性化することに役立ちます。元気が出てきて、行動力も増します。

その結果として、「目標を達成する」ということにつながるのです。

自分が好きなことを、「やらなければいけないこと」に結びつける。

6

「好きで、やりたいこと」だけ意識する

ある主婦は毎日、朝早く起きて、夫のお弁当を作っていました。

しかし、だんだんと、そのお弁当作りに「やる気」を感じられなくなりました。

面倒になって、体が思うように動かなくなってきたのです。

朝早く起きることも、しんどくなってきました。

彼女は、いつの間にか、「〜ねばならない」という意識にとらわれるようになっていたのです。

「朝早く起きなければならない」

「夫のお弁当を作らなければならない」

と、自分に強くプレッシャーをかけていました。

そのために「やる気」や「行動力」がなくなっていたのです。

「このままではいけない」と感じた彼女は、発想を変えることにしました。「ねばならない」ではなく、
「私は料理が大好きだ。おいしそうなお弁当を作りたい」
「私は早起きが好きだ。早く起きて、朝の清々《すがすが》しい空気を吸いたい」
と考えるようにしたのです。

その結果、「ねばならない」というプレッシャーから解き放たれて、気持ちが楽になりました。そして、「やる気」が復活してきて、元気に体を動かして、お弁当作りに励むことができるようになったのです。

このように、「やらなければならないこと」の中にある「好きなこと」を思い出すと、「やりたい」という気持ちにつなげることが自然にできます。

好きなことを意識すると、プレッシャーや義務感から解き放たれる。

7 「今日やること」にだけ、意識を集中させる

50代になると、

「何となく、やる気が出ない」

「体を動かす力がわいてこない」

という時があると思います。

どうして、そのような状況になるかと言えば、その原因の一つに、「先々のことを否定的に考える」ということが挙げられます。

たとえば、「こんなことをやっていて、将来的に何の役に立つのだろう」と、疑問に感じることです。

また、「がんばってやっても、この努力を評価してくれる人など、この先、誰も現れないのではないか」と、否定的に考えることです。

そのようなことが原因で「やる気が出ない」「行動力がわかない」という心境になる場合があるのです。

そういう時には、「将来的に何の役に立つのか」とか「誰かに評価してもらえるのか」ということに意識を奪われるのではなく、とにかく「今日やること」に意識を集中させるのが良いと思います。

そうすることで「やる気」と「行動力」が復活することもあります。

そのために、具体的に「今日やること」や「今やること」をノートに書き出してもいいでしょう。

そうすることで、意識が「先々どうなるか」ということから離れて、「今日やること」や「今やること」だけに集中できます。

無心になって、「今」に集中できます。

それが「やる気」を活性化させます。

「将来的に何の役に立つのか」などと考えない。

8 「今に集中する」と進化する

イギリスの物理学者で、また、哲学者でもあった人物に、アイザック・ニュートン（17～18世紀）がいます。

リンゴの木から実が落ちるのを見て、「万有引力の法則」を発見した人物として有名です。

ニュートンは、「今日やれることに全力を尽くすことが大切だ。そうすれば、明日は一歩進化できる」と述べました。

この言葉は、毎日「今日やれることに全力を尽くす」ということだけに集中して暮らしていくことが大切だ、ということを指摘しています。

言い換えれば、それが「やる気」と「行動力」を発揮するためのコツの一つだということなのでしょう。

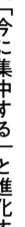

そのようにして日々、「やる気」と「行動力」を発揮していくことで、その人は「一歩ずつ進化していける」のです。

この言葉にある「進化」とは、「自分の成長」であり、また、「成功に近づく」ということなのでしょう。

また、ニュートンは、「なぜ万有引力の法則という、すぐれた発見をすることができたのですか」と聞かれて、「日々、そのことばかりを考え続けたからだ」と答えたと言われています。

この「日々、考え続けた」ということも、言い換えれば、「今日やれることに全力を尽くす」という言葉と同じ意味を持っていると思います。

50歳にもなると、これまでの経験や直感から、先の見通しがついて「やる気」を落としてしまう人が多いのですが、あまり先々のことをあれこれ疑問に思うのでなく、「今日」に集中することが、「やる気」と「行動力」を生み出すのです。

とにかく「今日やれること」に集中する。

9 余計なことを考えず無心で続ける

「やる気」や「行動力」が長続きしない、という人がいます。

いったん何かにやる気を出して始めたとしても、そのやる気が持続せずに、2、3日経つと行動力も失われてしまうのです。

たとえば、「ダイエットをしよう」と思い立って、そのためにウォーキングを始めたとします。最初の何日かは、やる気満々でウォーキングをします。

しかし、1週間ぐらい経つと、だんだんやる気がなくなってきて、ウォーキングに出かける日も少なくなっていきます。

そして、最後には、ウォーキングをやめることになります。

このように「やる気」というものの働きが衰えてくるにつれて、「行動力」も減退していきます。

仕事にしても、趣味でやることにしても、同様です。

では、どうすれば「やる気」と「行動力」を持続していくことができるのかと言えば、これにはコツがあります。

その一つは、「余計なことを考えない」ということです。

たとえば、

・自分と誰かを比較して、優劣に悩まない。
・「これは本当に役立つのか」と疑問に思わない。
・「あまり効果がないのではないか」と心配しない。

といったことです。

このように余計なことを考えると、「やる気」や「行動力」が減退していくことにつながります。

やるべきことを無心になって、たんたんと進めていくのが良いのです。

考えないほうがいいことがある。

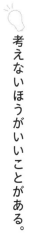

10 成果を実感できる「しかけ」を作る

やる気が継続すれば、「これをやる」と決めたことを継続していくことができます。

「やる気」を継続するコツの一つに、「自分の努力の成果を実感する」ということが挙げられます。

では、どうすれば自分の努力の成果を実感できるかと言えば、その方法の一つに**「記録を取る」**ということが挙げられます。

たとえば、ダイエットのためにウォーキングを始めるとすれば、「体重」や「その日歩いた距離」などと記録しておきます。

昨日より今日、たとえ0・1キロであっても体重が減っていれば、それで非常にうれしくなって、やる気も一層高まっていくものです。

そして、「明日も元気にウォーキングに行こう」という行動力にもつながります。

また、昨日より今日、少しでも長い時間歩けたとわかれば、「明日も楽しく元気に歩こう」という意欲と行動力が生まれます。

このように「記録を取る」ということで、努力の成果を明確に実感できるようになり、それがさらにやる気を高めることになります。

ただし、この際、注意しなければならないこともあります。

それは、時に、「記録が悪くなる」ということもあるからです。

体重が増えてしまったり、歩く距離が減る、ということです。

しかし、たまに、そのようなことがあったとしても、あまり気にする必要はありません。今の体重をキープしていくだけでも、それは「立派な成果」になります。

長い目で見て、少しでも記録が良くなれば、それで良いのです。

「努力の成果」を記録として書き出してみる。

11 やる気が出ない時こそ、体を動かす

自分自身の中で「やる気」が充満するにつれて、強い行動力を発揮できるようになります。

また、この逆のことも言えるのです。

つまり、とにかく体を動かすことで、やる気が一層活性化していくということです。

たとえば、次のようなことがあります。

朝起きた時には、「なんとなく、やる気が出ない」という気分であったとしても、会社へ出かけて行ったり、家事のために体を動かしているうちに、だんだんやる気が出てきて行動したくなる、ということがあります。

このように、「行動することで、やる気が増す」ということは、脳科学の分野でも言われています。

適度に体を動かすと、脳の中で、精神的にやる気を起こさせる効果があるセロトニンといったホルモンの分泌が盛んになるのです。

従って、「なんとなくやる気が出ない」ということがあっても、とりあえず体を動かしてみるのです。

体を動かしているうちに、やる気が出てくる、ということがあるからです。

行動したくない時は、家で軽く体操してもいいでしょう。軽く体操することでも、脳内の、いわば「やる気ホルモン」の分泌が盛んになります。それに伴って、「がんばろう」という意欲も高まっていって、行動力も増していきます。

その結果、元気が出てきて、前進していくことができるようになります。

行動しているうちに、やる気が出てくる。

第5章

セロトニンの減少を防ぐ「休み方」と「動き方」

1 「気休め」することで、元気が戻ってくる

「気休め」という言葉があります。

文字通り、その人が持っている「気を休める」ということです。

人が持っている生命エネルギーの根源である「気」というものも、やはり「休める」必要があるのです。

いわば良い休養を取ってこそ、「気」はまたイキイキと活性化します。やる気や元気がよみがえってくるのです。

では、具体的に、どうすれば「気を休める」ことができるのかと言えば、その方法の一つは「快適なことをする」ということです。

この「快適なこと」とは、たとえば、海や山へ行って、美しい自然の中に身を置く、ということです。

美しい風景を眺めたり、きれいな空気を吸ったり、野に咲く花を見たり、小鳥の声を聞くことで、その人は「快い気持ち」になります。

それと同時に、その人の「気」も休まっていきます。

そして、翌日になれば、心も体もすっかり元気になっているのです。

実は、美しい自然も「気」を持っています。そして、その自然が持つ「気」は、清々しく、ゆったりとした「気の流れ」なのです。

同様に、きれいな空気も、花も、小鳥の鳴き声にも、そんな清々しく、ゆったりとした「気」が含まれています。

そのような自然の中に含まれる「気」が、その人に良い影響をもたらし、その人が持っている「気」を快く休ませてくれます。

従って、時に、やる気を取り戻すため、自然に身を置くのは大変効果的です。


自然が持つ「ゆったりとした気」を取り入れる。

2 積極的休養と消極的休養

人が持つ「気」というものも、体や心と同じように、盛んに活動をしていると、だんだんと疲れてきます。つまり、やる気や元気がなくなっていくのです。

そのような時には、「気休め」をする必要があります。

「気」をゆったりと休めることで、ふたたび元気が戻ってきます。

ところで、この「気休め」には、大別すると2種類のものがあります。

それは「積極的なもの」と「消極的なもの」です。

心理学では、「積極的休養（アクティブレスト）」、「消極的休養（パッシブレスト）」とも呼ばれています。

この積極的休養とは、みずから積極的に体を動かして行う休養の取り方です。

たとえば、休日に旅行に行ったり、スポーツクラブで気持ちのいい汗を流す、といったことです。

趣味として、友人とバンドを組んで演奏活動をしたり、あるいはカラオケや、合唱クラブに参加して歌を歌う、といったことも積極的休養と言えます。

消極的休養とは、むしろ体を動かさず、何もしないで、ゆっくりと心身を休める休養法です。

たとえば、家で快い音楽を聴きながら、ゆったりとした時をすごす、といった休養の取り方です。

お茶を飲みながら、ゆったりとハーブの香りを楽しむ、といったことも、この消極的休養の一つです。

快適な環境の中で、体や心の活動を止めてボーッとしたり、のんびりします。

この「積極的休養」「消極的休養」を上手に組み合わせていくことで、「気」も十分に休まって、やる気が戻ってきます。

２種類の休養の取り方を組み合わせる。

3 「英気を養う」と「鋭気を養う」

「英気を養う」という言葉があります。

また、「鋭気を養う」という言い方もあります。

どちらも読み方は同じですが、それぞれ、その意味は多少違っています。

この言葉にある「養う」というのは、言い換えれば、「快く休める」ということです。

そういう意味で、「気を休める」という点ではどちらも意味は同じですが、「英気を養う」と言う場合、そこには「疲れを取る」というニュアンスがあります。

一方で、「鋭気を養う」と言う時、そこには、「やりたいことや目標を達成するための、やる気を盛り立てる」といった意味があります。

この「英気を養う」という休養法と、「鋭気を養う」という休養法を、上手に組み合わせながら取り入れていくことが大切になります。

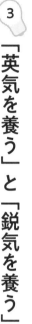

そうすることで、その人が持つ「気」の全体的な力をより活性化させることができます。

ただし、「英気を養う」ための方法と、「鋭気を養う」ための方法とは、それぞれ異なっているように思います。

たとえば「英気を養う」、つまり「疲れを取る」ためには、心理学で言う「消極的休養」を行うのが良いでしょう。音楽を聴いたり、本を読んだり、瞑想にふけったりして、何もせずに、ゆっくりくつろぐ休養法です。

一方、**「鋭気を養う」、つまり「やりたいことの実現へ向けて、やる気を盛り立てる」ためには、心理学で言う「積極的休養」を行うのが良いと思います。**

それは、旅行へ出かけたり、運動をしたり、活動的な方法での休養法です。

旅行や運動によって、一層やる気や元気が出てくるのです。

「英気を養う」で疲れが取れ、「鋭気を養う」でやる気が出る。

4 朝の空気には「新鮮な気のパワー」が満ちている

朝の清々《すがすが》しい空気は、「新鮮な気のパワー」に満ちています。

ですから、時に、早起きして朝の清々しい空気を吸う機会を作ってもいいでしょう。

早起きをして、外に出て、周辺を散歩してみてもいいと思います。

そうやって新鮮な「気」のパワーを自分の中に取り入れるのです。

非常に気持ちよく、自分の中の生命力がよみがえってくるような感覚を実感することができるでしょう。

つまり、朝の空気に含まれる新鮮な「気」のパワーに、自分の中にある「気」が刺激を受けて活性化するのです。

その結果、「今日も意欲的に生きて、今日という日をいい一日にしよう」という意欲が高まります。

実際に、その後、その日を充実した、生産的なものにすることができるのです。

朝の空気に含まれる新鮮な「気」のパワーを取り入れることで、自分の中にある「気」もその日一日、活性化します。

実際、早起きするようになってから、人生観が一変した、という人もいます。

ある女性は、40代後半くらいから、何をするにも意欲的になれませんでした。精神的にも、肉体的にも、原因不明の疲労感をいつも引きずっているような生活をしていたのです。

これといって、体のどこかが悪いというわけではありません。

「このままではいけない」と感じた彼女は、早起きして、会社に行く前の少しの間に近所をウォーキングすることを日課にしました。

その結果、彼女の持っている「気」が活性化し、何事にも意欲的に、やる気を持って取り組めるようになったのです。

早起きの習慣が、やる気を高める。

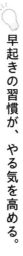

5 早朝は集中力が高まっている

早起きをすると、その人が持つ「気」が活性化するということは、脳科学の分野などでも証明されています。

たとえば、**午前中に日光を浴びると、脳の中でセロトニンというホルモンの分泌が盛んになることが知られています。**

このセロトニンの分泌が盛んになると、それだけで「気持ちいい」「快適だ」「清々しい」という感情がわき出してきます。

それが「気」にも良い影響をもたらして、一日を意欲的に生きていくことができるのです。

また、**朝早い時間帯は、ドーパミンと呼ばれるホルモンの分泌も盛んなことが知られています。**

このドーパミンの分泌が盛んになると、集中力が高まることがあります。

受験生の中には、「早朝は集中力が高まるので、朝早く起きて勉強している」という人がいますが、これは、このドーパミンの分泌が盛んになっていることが背景にあるのです。

そういう意味では、たとえば、サラリーマンやフリーランスの人も、朝早く起きて企画書などを作成すれば、より良い企画書を書き上げることができると思います。

また、経営者などにも、早起きして、朝一番に出社して、その時間帯を利用して経営戦略を練るという人もいます。

やはり、朝の時間帯は、集中して物事を考えられるので、いい経営戦略を立てられるようです。


早起きして、セロトニンやドーパミンを味方につける。

6 質の高い睡眠にこだわる

人間にとって、もっとも快い休養と言えば、それはやはり「睡眠」ではないでしょうか。

人間は、眠らなければ生きていけません。

また、元気に生きるという意味でも、睡眠は非常に重要です。

睡眠不足の状態では、何をするにしても元気が出てこないものです。やる気だって出ません。

ぐっすりと熟睡できてこそ、目覚めてからの「気」の働きが良くなって、やる気が出てきて、元気一杯に活動できます。

では、ぐっすりと熟睡するためには何が大切かと言えば、一つには「規則正しい生活」です。

特に大切なのは、「早起き」だと言われています。

早起きは、その日一日の生活のリズムを良くします。

日光を浴びると体内時計がリセットされます。その後15〜16時間するとメラトニンが分泌され、眠くなるように人体はできています。

言い換えれば、遅く起きると、眠くなるのもその分遅くなるわけです。

早起きすると、朝の「清々しい気」を自分の中に取り込んで、一日元気一杯に活動できます。体内時計も整っているので、夜になれば自然に眠くなります。

一日やる気を持って活動した快い疲労感から寝つきが良くなるし、ぐっすり眠れます。翌朝は、また、気持ちのいい朝を迎えられます。やる気に満ちた新しい一日を始めることができるのです。

そのように早起きは、いい生活のリズムを作り、熟睡してしっかり心身の疲れを取ることを可能にします。それが日々、やる気を高める秘訣です。

早起きで、心身のリズムを整える。

7 午前中は頭を使う仕事をし、午後は体を動かす

人には「生活のリズム」があるように、人が持っている「気」の流れにも一定のリズムがあります。

たとえば、朝は、人間にとっては外部にある「気」を自分の中に取り込む時間帯と言えます。外にある「良い気」がドンドン自分の中に取り込まれます。

ですから、朝は、外に出て新鮮な空気を吸ったり、自然を眺めたりするのが良いのです。そうすれば、外から取り込まれた「良い気」が、やる気の素になります。

また、午前中は「精神的な気のパワー」が高まる時間帯です。

ですから、午前中は、たとえば、企画書を書き上げたり、仕事の作戦を練ったり、集中して原稿を書いたりするなど、「頭を使うこと」にエネルギーを費やすのがいいでしょう。

一方、午後は、「肉体的な気のパワー」が高まります。

従って、午後は、仕事をしている人であれば、人に会って商談をしたり、取引先を回ったりするのがいいでしょう。

家にいる人も、午後は積極的に外出して、買い物をしたり人と会うのがいいと思います。

また、**夕方に適度な運動をすると、その疲労感から夜の寝つきが良くなり、熟睡できると言われています。**仕事帰りなどにスポーツクラブやヨガ教室に立ち寄って、適度な運動をしてもいいでしょう。

ただし、朝起きてすぐや、夜遅くまで激しい運動をするのは、特に50歳以降の方には危険ですので注意してください。

このように一日の「気の流れ」のリズムに合わせていくことが「快適な生活」につながります。

「気の流れ」に合わせて生活する。

8 「快適な場所」に身を置く

人それぞれ、「ここにいると、快く感じる」という場所があるものです。

たとえば、「公園のベンチに座って、木々や空を眺めている時が、自分にとっては一番快い」と言う人もいるでしょう。

「素敵なカフェでお茶を飲んでいるのが快い」とか、「庭でガーデニングを楽しんでいる時が、私にとってはもっとも気持ちがいい」と言う人もいるのではないでしょうか。あるいは、「映画館で、好きな映画を観ている時が、自分にとって、もっとも快適な時間になる」と言う人もいると思います。また、「自宅で、好きで収集した絵画を眺めている時が、もっとも幸せで、心地よい時間だ」と言う人もいるかもしれません。

そのようにして、**自分なりに「快適な場所」を持っておくことは、やる気を高めるという意味でも非常に大切だと思います。**

そんな「快適な場所」は、「気が休まる場所」でもあるからです。

疲れた「気」が休まって、またやる気を取り戻す場所です。

また、その「快適な場所」は、「気が活性化する場所」でもあります。

快適な場所で、やりたいことや目標の達成へ向けて「がんばってやっていこう」というやる気をさらに一層強めていくことができるのです。

従って、「気を休める」という意味でも、「気を活性化する」という意味からも、自分なりの「快適な場所」を持っておくのがいいと思います。

普段から色々な場所に身を置きながら、その中から「ここがもっとも快く感じる」という場所を見つけ出しておけばいいのです。

もし見つけたら、すぐに忘れてしまうのではなく、しっかり記憶に留めておきましょう。そこはただの「休む場所」ではなく、やる気を活性化させてくれるベスト・スポットにもなります。

自分なりの「快く感じる場所」を見つけておく。

9 趣味を持ち、生活に張りを与える

元気に生きるためには、何かしら自分が心から楽しめる「趣味」を持っておくことが大切です。

何も趣味がないという人は、生活が単調になりがちです。これが脳の老化を進めるのです。

たとえば、「会社に行って、家には寝に帰って来るだけ。仕事以外に、何か生きがいになるようなものは何もない」といった生活になってしまうのです。

そのために、だんだんと、生きることに楽しみがなくなっていきます。

その人が持つ「気のパワー」も衰えていって、やる気や元気もなくなっていきます。

仕事においても、プライベートにおいても、生活に「張り」がなくなって、元気を失っていきます。

そうならないためにも何か好きな「趣味」を持つほうがいいと思います。

テニスでも、ダンスでも、カラオケでも、あるいは、俳句を作ったり、楽器を演奏したり、絵を描くことであっても、何でもいいのです。時間があれば旅行に行ってもいいでしょう。

その人にとって何か「楽しいし、気が休まる」と感じるものを趣味にするのがいいと思います。

趣味は、いい気分転換になります。

まさに「気のあり方」が変わるのです。

疲れて、どんよりとしていた「気」に、イキイキとした、新鮮なパワーがもたらされて、「やる気」へと変わっていくのです。

そのようにして「気をよみがえらせる方法」を持っておくことが、放っておくと気力が衰えがちな50歳以降の人生ではとても重要なことです。

趣味が何もない人は、生活が単調になり脳が老化しやすい。

10 服装や持ち物で「変化」を楽しむ

日々の生活の中で、「オシャレ」を楽しんでいる人もいると思います。オシャレも「気」に強い影響を与えます。ある女性は、「オシャレをすると楽しい気持ちになって、出かけて誰かに会いたくなる」と言っていました。

これは、オシャレが、その人の「気」に良い影響を与えた証だと言えます。とにかく、オシャレは、その人を元気にし、また、やる気を高め行動的にします。

そういう意味では、元気ある生活をするために、オシャレを楽しむ機会を持つのがいいと思います。服やバッグの色も、その人の心理ややる気に強い影響を持っていることが知られています。

心理学には「色彩心理学」というジャンルもありますが、たとえば「赤」という色は、その人を「より情熱的にする」という効果があることがわかっています。

従って、何かのイベントを「今日は情熱的にやりたい」といった時は、赤い服を着たり、赤いバッグを持つといいでしょう。

また、オレンジ色は「前向きな気持ちにさせる」効果があるとされています。たとえば、「気が滅入っている」といった時には、オレンジを取り入れるといいでしょう。

また、緑色には、「気持ちを落ち着かせる」という効果があります。「気が散ってしょうがない」という時には、緑色のものを身につけるといいと思います。

50代というと、特に男性は毎日同じような服装の人が実に多いです。

「節約」「いちいち考えるのが面倒」「周りの皆もこんな感じ」「カッコつけてどうするの」など言い分は色々あると思いますが、これこそマンネリ生活にはまる落し穴です。

急にスタイルを変えるのは抵抗があるかもしれませんが、小物でアクセントを加えるなど、ちょっとした変化をつけ、「今日は何がいいかな」と考えることが、マンネリを打破するために必要なポイントです。


「毎日同じ服でいい」と決め込むよりオシャレも楽しむ。

第6章

どの世代の相手も尊重するコミュニケーションのコツ

1

相手が漂わせている雰囲気に気づく

「雰囲気」という言葉があります。

色々な意味がある言葉ですが、その一つに、「ある人が漂《ただよ》わせているムード、様子」といった意味があります。

この「雰囲気」も「気」の一つだと考えられます。

「気」というものは興味深いもので、その人の中に留まっているだけの存在ではありません。その人の内部から外へと放出されるものなのです。

たとえば、何か思い通りにならないことがあってイライラしているとします。

すると、その「イライラした気」が外へ向かって放出されます。

つまり、それが、その人が今漂わせている「雰囲気」になるのです。

従って、人を尊重する気持ちを持って、周りの人たちと円満につき合っていくためには、他人が漂わせている雰囲気に敏感に気づき、気を配る、ということが大切になります。

たとえば、会社の同僚に、イライラした雰囲気を漂わせている人がいたとしたら、その人の気持ちが落ち着くまで、あえて何も話しかけず、少し距離を置いて放っておいてあげる、ということをしてもいいでしょう。

反対に、何か困りごとがあって、誰かに助けを求めているような雰囲気を漂わせている人がいたとしたら、やさしく「どうしたの？　何かあったの？」という声をかけてあげるのです。

そのようにして、その相手が漂わせている雰囲気に合わせた対応を取ることが、人を尊重することであり、また、人間関係を円満にするコツなのです。

そして、人間関係が円満になると、多くの人たちから愛され、そのことで自分自身も元気になり、やる気が高まっていくのです。

相手の「雰囲気」に合わせて、対応を変える。

2 「気を配れる人」が、やる気を失いにくい理由

周りの人たちと仲良くつき合っていくことが、自分自身が元気に生きていくための大切なコツの一つになるのは言うまでもありません。

周りの人たちとの人間関係がギクシャクすれば、自分自身の気持ちが落ち込んで、やる気もなくなってしまいます。

では、どうすれば、周りの人たちと仲良くつき合っていけるかと言えば、その方法の一つに「気配り」があります。

この「気配り」とは、自分が持っている「気」を周りの人たちに「配る」ということです。

もう少しわかりやすく説明すると、自分の意識を周りの人たちに向けて、人を尊重する気持ちを相手に向かって発信する、ということです。

たとえば、カフェで友人とお茶を飲んでいたとします。

すると、その友人が急にソワソワし始めます。腕時計にチラチラと目をやって、何か落ち着かない様子なのです。

このような相手の態度の変化に、ちゃんと気を配っていれば、「何か予定があって、そろそろ出たいと思っているのだろう」ということがわかります。

そうすれば、「そろそろ行きましょうか？」と切り出すことができます。

このような相手の様子にまったく気づかない人と、気づく人と、どちらが相手に好かれるでしょう？

「気配り」とは、「相手を尊重する」ということにつながります。

そして、いつも人への気配りを忘れずに心がけている人は、周りの人たちから慕《した》われ、いい人間関係を育んでいけます。その結果、自分自身も元気に、やる気を高く持って生きていけるのです。

相手の態度の変化に気を配る。

3 相手の「無言のリクエスト」に気づく

「気配り」とは何かと言えば、「相手がしてほしいと思っていることを、自分から率先して行動すること」と言えるのではないでしょうか。

ただし、ここで注意しなければならないのは、その相手は必ずしも「してほしいと思うこと」を口に出しては言わない、ということです。

控えめな人も多いのです。

むしろ、してほしいと思うことがあっても、それを口にせずに黙っている人が大半ではないでしょうか。

しかし、たとえ口にしなくても、してほしいと思うことは、その人が放つ「雰囲気」となって表に現れてきます。

ちょっとした態度の変化や、表情や、しゃべり方となって示されるものです。

人への気配りにおいては、そのような相手のちょっとした変化に注意しておくことが大切です。

たとえば、職場の同僚が、何か困ったような顔つきで、自分を見てきたとします。

上手に気配りができる人は、たとえその同僚が口に出して言わなくても、「仕事で何か困ったことがあって、アドバイスを欲しいと思っているのかもしれない。もしかしたら私に手伝ってほしいと思っているのかもしれない」と察することができます。

そして、「何か、わからないことでもある?」と話しかけたり、場合によっては、「私にできることがあれば、手伝ってあげようか」と申し出ることができます。

それが気配りのコツであり、人を尊重するコツにもなります。

そして、人を尊重すると、その人から自分も尊重され、その結果として、自分自身が元気になり、やる気も高まるのです。

相手が今何を欲しているかをキャッチする意識を持っておく。

4 「ゆずれる人」は元気でいられる

「気配りが上手な人」とは、「相手に譲歩することができる人」だとも言えます。


次のような話があります。

ある50代の女性には、長年連れ添った夫がいます。

子供が就職した今でも、仲良く二人で出かけます。

仲の良さが続いている理由の一つは、彼女がとても気配りがうまい人だという点にあります。

また、彼女が相手に譲歩することができる人だという点にあるのです。

たとえば、昔、出会ったばかりの頃、こんなことがあったと言います。

雑誌で、おいしそうなスイーツのお店を見つけたので、彼女はさっそく彼に電話して、「このお店に行こう」と誘いました。

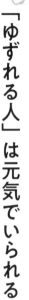

すると、彼は「いいよ」とは言うものの、どこか気乗りしないような声だったのです。

あまり、うれしそうな声ではありませんでした。

彼女は、そんな彼の声の感じから、相手の気持ちを上手に察することができました。

そして、「どうしても行きたいってほどではない？」と聞きました。

すると彼は、「実は、甘いものはあんまり好きじゃないんだ」と言いました。

そんな彼の言葉を聞いて、彼女は、「じゃ、コーヒーが評判のカフェに行こうか。私は、あなたと一緒なら、どこでも楽しいから」と話したそうです。

そんな気配りと譲歩ができるからこそ、この二人はずっと仲良くつき合っていけるのでしょう。

そして、それから30年近くたった今でも、彼との関係を大切にしているので、彼女自身、元気に暮らしているのです。

人に譲れると、仲良くできて元気でいられる。

5 年下にも気配りを忘れない

部下に人気がある上司とは、どのようなタイプかと言えば、部下に対して気配りができる人だと思います。

そして、部下の意向や、部下の置かれている状況に対して譲歩できる上司です。

気配りとは、目下の人が目上の人に対してするだけのものではありません。

上に立つ人も、下にいる人間を尊重し、気配りすることも大切です。また、下の人間に気配りできてこそ、下の人たちから慕われて尊敬もされるのです。

ある会社で管理職をしている50代の女性がいます。

彼女は部下への気配りがよく、部下たちから信頼を得ています。

なぜ彼女が部下から信頼されているのかと言えば、たとえば、次のようなことがありました。

彼女は、部下の一人に、ある仕事を頼みました。すると、その部下は、口では「わかりました」と言うものの、何か納得できない表情をしていました。

その表情から、彼女は、「この部下には何か都合が悪いことがあるに違いない」と察しました。聞いてみると、案の定「今、他に急いで仕上げなければならない仕事がまだ残っているのです」と答えました。

彼女は、「では、その急ぎの仕事をまず仕上げてください。私が頼んだ仕事は、その後でいいですから」と伝えました。部下は納得し、安心した顔を見せて、後日きっちり仕事を仕上げてくれたそうです。

このような気配りと譲歩ができるのは、彼女が部下を尊重している証です。

そして、部下を尊重する気持ちがあるからこそ、彼女は部下から信頼されるのです。それが、彼女自身がやる気を高いレベルで維持して生きるコツにもなっています。

下に気配りできる人は、信頼される。

6 古典に書かれた「高い生き方」

中国に『菜根譚《さいこんたん》』という書物があります。

「人は、どのように生きていけば幸せになれるのか。どういう生き方が賢明なのか」ということをまとめた本として、日本でも古くから読み継がれてきました。

作者は、はっきりとはわからないのですが、洪自誠（16～17世紀）だと言われています。

この『菜根譚』に、**「世に処するに、一歩を譲るを高しと為す」**というものがあります。

この言葉にある「世に処する」とは、「この世の中を上手に生きていくためには」という意味です。

そして、「一歩を譲る」とは、「我《が》を貫き通して、わがままなことを主張するのではなく、人を尊重し、人に譲歩する」ということを示しています。

また、「高しと為す」とは、「もっとも賢明な生き方である」ということです。

つまり、『菜根譚』のこの言葉は、「人を尊重し、人に譲歩する、ということが、人間にとって、もっとも賢明な生き方である」と指摘しているのです。

この『菜根譚』は、日本で言えば江戸時代初期のものですが、そのような古い時代から、「人を尊重し、人に譲歩する」ということが説かれてきたのです。

しかも、この『菜根譚』は中国の書物であることを考えれば、「人を尊重し、人に譲歩することが大切だ」ということは、古今東西にわたる永遠の真理だと言っていいのでしょう。

「自分を元気にする」ためには、周囲と仲良くつき合っていくことが大切ですが、その意味でも、この『菜根譚』の言葉は参考になると思います。


「一歩を譲る」の価値を知り、やる気を保つ。

7 人に気を配れば、自分に返ってくる

「あの人は、人気がある」という言い方があります。

「人気がある」とは、言い換えれば、「たくさんの人たちの『気』が集まってきている状態」と言ってもいいと思います。

周りのいる人たちの、たくさんの「あの人が好きだ」「あの人を尊敬する」「あの人のようになりたい」「すばらしい人だ」といった様々な思い、つまり「気」が、その「人気のある人」のところに集まってくるのです。

では、いわゆる「人気がある人」には、どうしてそのようにして多くの人たちの「気」が集まってくるのでしょうか？

その理由の一つは、普段から、その「人気がある人」は、周りの人たちに気を使い、気を配っているからなのです。

日本のことわざに、**「情けは人のためならず、巡《めぐ》り巡って自分のもとへ」**というものがあります。

「人を尊重し、人に譲り、人にやさしくしていると、その『情け』は自分のもとに戻ってくる。つまり、たくさんの人たちから自分自身が尊重され、譲られ、やさしくしてもらえる」という意味を示している言葉です。

「気」も同じなのです。

周りの人たちを尊重して、気を配ったり、気を使ったりしていると、その「気」は巡り巡って自分のもとへ返ってきます。

たくさん人たちに気配りし、気を使えば、それだけ、たくさんの人たちから「気」が返ってきます。

そして、自分が元気になり、やる気が湧き出てきます。

それが、「人気がある」という状態なのです。

「人気がある」とは「気」が集まっている状態である。

8

人を助ければ、助けてもらえる時が来る

イソップ物語に、「農夫とワシ」という話があります。

ある日、ある農夫が、ワシがワナにかかっているのを見つけました。

その農夫は、そのワシが大変立派で美しいのに感心し、かわいそうに思えてきて、逃がしてあげました。

その数日後でした。その農夫が納屋《なや》で作業をしていると、先日助けてあげたワシが飛んで来て、その農夫が頭にかぶっていた帽子を前足でつかんで、そのまま飛び去っていきました。

先日命を助けてあげたのに、何て恩知らずなワシなんだと、その農夫は怒ってワシを追いかけていきました。すると、そのワシは帽子を地面に落としました。

その農夫が帽子を拾いあげると、背後で大きな音がしました。

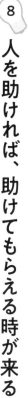

振り返ってみると、先ほど作業していた納屋が崩れ落ちるところでした。

実は、その納屋は、柱や壁が腐って、崩れ落ちてしまう寸前だったのです。

つまり、ワシはそれに気づいて、農夫の命を救うためにわざと帽子を奪っていったのです。恩知らずではなく、恩を返しに来たのです。

この話は、誰かのために気を配り、気を使い、何かいいことをしてあげれば、その相手から必ず自分も助けてもらうことがある、ということを示しています。

「情けは人のためならず、巡り巡って自分のもとへ」ということわざが示す真実を、物語という形で表現しています。


人を尊重する気持ちを持ち、周りの人たちに気を配って生きていくことが大切です。それが相手から「気」をもらい、自分のやる気を高めることにつながります。

人を尊重し、人を助ける生き方をする。

9 誠実に耳を傾けるだけで、気が合ってくる

「あの人とは、気が合う」という言い方があります。「物の考え方や感じ方が似ていて、共感し合いながら、仲良くつき合っていける」という意味です。

「気が合う相手」が身近にいれば、良き友人として、あるいは良きパートナーとして、楽しくつき合っていけるに違いありません。元気に生きていくためにも大切な存在になってくれるに違いないのです。

従って、身近な人の中に、そんな「気が合う相手」を探していくことが大切です。

ただし、もう一つ大切なことがあります。自分から率先して、相手に対して「気を合わせる」ことも忘れない、ということです。

確かに、何もしなくても自然に気が合う相手もいると思います。

一方で、自分から努力して、相手と気を合わせていく、ということも可能です。

たとえば、相手を尊重する気持ちを持って誠実な態度で相手の話をよく聞き、「確かに、そうですね」「いいことを教えてもらいました」といった相づちを打ちます。

自己主張ばかりするのではなく、まずは、相手の考えていることや、思っていることに誠実に耳を傾けるようにします。

そのようにして、相手の考え方や意見を尊重するという態度を積極的に表すことで、その相手とだんだん気が合っていきます。

これは、相手が上司でも部下でも、趣味の人間関係でも、家族が相手でも、同じことです。

50代になると、気が合う相手は限られてくる、そう簡単には増やせないと思っている人も多いかもしれませんが、「尊重を表す」を心がけることで、いろいろな立場の人と、気が合う者同士として仲良くつき合っていけるのではないでしょうか。

そうすれば、自分も毎日元気に生きていけます。

自分側からの努力で「気が合う関係」を作れる。

10 「気が合う相手」を、自分から作っていく

精神科医として、また、エッセイストとして活躍した人物に、斎藤茂太《さいとうしげた》がいます。斎藤茂太は、**「少々厳しい言い方かもしれないが、気が合う人がなかなか現れないと嘆いている人は、自分の殻に閉じこもり、自分の肩をやさしく叩いてくれる人を待ち望んでいるのではないだろうか」**と述べました。

言い換えれば、「気が合う相手を作りたいのであれば、自分の価値観や考え方ばかりにこだわっているのではなく、自分のほうから積極的に相手の価値観や考え方に『気を合わせていく』という努力をしていくことが大切だ」ということを示しているように思います。

確かに、「気が合う人」がなかなか現れない、「気が合う人」と巡り合うチャンスがなかなかない、と言う人がいます。

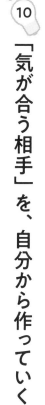

そのような人は、自分の価値観や考え方ばかりにこだわって、自己主張ばかり繰り返し、相手を尊重するという意識を忘れているのかもしれません。

相手を尊重する意識があれば、自分自身へのこだわりを捨てられます。

自己主張するのではなく、相手の話をよく聞こう、という態度を取ることができるようになります。

そうすれば自然に、その相手と「気が合う関係」を作っていくことができます。

「自分の肩をやさしく叩いてくれる人」を待つのではなく、自分のほうから相手の肩をやさしく叩いて、「あなたのご意見を聞かせてもらえませんか」と問いかけていけます。

そうすれば、熱心に相手の話を聞くことができるようになります。

その結果、「気が合う人」に恵まれます。自分自身も、豊かな人間関係の中で、やる気を持って日々生きていけるのです。

「あなたのご意見を聞かせてください」と問いかけてみる。

11 愛する人を思うと元気になる

気配りや「気を合わせる」ことについて話してきましたが、やる気というのは、「人を愛する心」「人を大切に思う心」を持つだけでも、湧き出てきます。

心の中で思うだけでいいのです。

たとえば、心の中で昔の友人のことを思い出します。

「あの人は、いい人だったな。今頃、何をしているんだろう。元気でいてくれればいいな」と思います。

そう思うだけで、心がプラスになり、「気」の働きが良くなって元気になり、やる気が出てくるのです。

単身赴任のために、家族と離れて暮らしている50代の男性がいます。

その人も、毎日、離れて暮らす妻や子供のことを思うそうです。

すると、家族を思う愛情から胸の中が温かくなっていくと言います。

そして、元気が出てきて、「がんばろう」という意欲もわいてくるのです。

この男性のように、仕事などの事情から、家族と離れて暮らしている人もいると思います。

人によっては、家族が外国で暮らしているというケースもあるでしょう。

そういう人たちも、愛する大切な存在を思えば、自然に心が元気になって、前向きに日々を大切にしようという意欲が湧いてくるのではないでしょうか。


離れて暮らす人のことを思ってみる。

第7章

誰かの力になれれば自分の運気もアップする

1 「和気あいあい」とした雰囲気を作っていく

人は、それぞれ「気」を持っています。

そして、その「気」は、周りの人たちの持つ「気」とお互いに影響し合っています。

たとえば、「和気あいあい」という言葉があります。

家庭や友人同士や職場など、人が集まる場所で、とても和《なご》んだ、いい雰囲気が満ちている、という意味を表す言葉です。

「和気あいあい」という言葉にある「和気」とは、その場にいる人たちの「気」がお互いに「和んでいる」ということです。

また、「あいあい」という言葉は、漢字で「藹々」と書きますが、これにも「和んでいる。おだやかである」という意味があります。

もちろん、人と人とは、いつも、このような和気あいあいとした雰囲気に包まれながら仲良くつき合っていくほうが良いと思います。

そのためには、まずは自分自身が、周りにいる人たちに対して、和んだ気持ち、おだやかな気持ちで接していくことが重要です。

自分が人に対して、和んだ気持ちで接していけば、その相手の気持ちもまた和んでいきます。

自分がおだやかな気持ちで人に話しかければ、相手もまたおだやかな気持ちになっていきます。

そのようにして、**自分から「和気」、つまり、和んだ、いい雰囲気がその場にいる人たちの間に広がっていくのです。**

そのようにして「良い気」を、その場にいる人たちに与えていくという意識を持って生きていくことが、いつも元気でいるコツです。


おだやかで、和んだ気持ちで、人に接していく。

2 笑顔で「良い気」を交換する

自分を持っている「良い気」を、周りにいる人たちとシェアするという気持ちを常に持って生きていくことが大切です。それが、その場の雰囲気を良くするコツであり、また、自分自身がやる気を高めることに直結します。

では、どのようにすれば、そのように自分の「良い気」を周りの人たちに分かち与えてあげることができるのかといえば、一つには「明るい笑顔を心がける」ということが挙げられます。

明るい笑顔を作ることで、まずは、自分自身が持っている「気」がとても良い状態になっていきます。自分の心が明るくなり、気持ちが元気になっていくのです。

また、人と笑顔で接することで、自身の良い気が相手に伝わっていきます。相手も自然に、心が明るくなり、気持ちがプラスになります。

心理学の実験では、次のようなものがあります。

男女５人ずつ、２つのグループに分けました。１つのグループは、笑顔で会話してもらいました。もう一方のグループは、笑顔を禁じて、無表情のまま会話してもらいました。

その結果、当然ではありますが、笑顔グループのほうが、和気あいあいとした雰囲気で、会話がはずみました。一方、無表情グループは、まったく会話が盛り上がらず、ギクシャクとした雰囲気になりました。

これが、笑顔がその場にいる人たちの間で「良い気」を交換し合うことにとても役立った証だと思います。

50代になると、若い頃と比べて笑顔が減ってくる人もいます。そういう人は、いつも笑顔を意識することが大事です。

笑顔によって、和気あいあいとした雰囲気ができあがる。

3 笑顔は、良い運気となって戻ってくる

アメリカの思想家であり、多くの本を書いた人物にデール・カーネギーがいます。

彼は、「**笑顔には１ドルの元手もいらないが、１００万ドルの価値がある**」と述べました。

この言葉にある「１００万ドルの価値がある」とは、言い換えれば、「大きな幸運に恵まれる」ということです。

つまり、「笑顔を心がけていると、その人は大きな幸運に恵まれる」という意味を表しています。

このような事例があります。

あるホテルで、接客を担当していた50代の女性がいました。

彼女は、とにかく、明るく元気な笑顔を心がけていました。

自分の元気な笑顔で、ホテルにやって来るお客さんに元気になってほしいという気持ちがあったのです。

笑顔でお客さんに挨拶をしたり話しかけたりすると、お客さんも笑顔で接してくれました。

そして、お客さんの笑顔を見ると、彼女は一層うれしい気持ちになって、仕事にも熱意を持って取り組めるようになりました。

いわば笑顔の好循環が生まれ、彼女の持っている「気」がどんどん高まっていったのです。

彼女は、社内での評判も良く、今は昇進してホテルの運営を任される大切な地位に就いています。

つまり、元気な笑顔を心がけることから始まって、良い運気（やる気や元気）が彼女のところに戻って来た、と言えるのではないかと思います。

自分の元気な笑顔が、相手も自分も元気にする。

4 幸せな人と一緒に喜ぶと運気がアップする

身近にいる人に何かいいことがあって幸せそうにしていたら、一緒になって喜んであげることが大切です。

それが相手に「良い気」を送ることになり、自分自身も相手から「良い気」をもらって元気になることにつながるからです。

たとえば、ステキな男性との結婚が決まったお嬢さんがいる同僚（父親）がいたとします。

その時は、自分のことのように喜んで祝福してあげます。

人を「祝福する言葉」というものは何でもそうですが、「良い気」を相手に送る働きをします。

従って、わが子の結婚が決まって幸せそうにしている人を祝福すれば、その祝福の言葉に乗って送られた「良い気」によって、その同僚は一層喜ばしい気持ちになることができます。

そうすれば、自分自身も、心から喜んでいる彼の顔を見て、「私も、あの人のようにに幸せになりたいものだ」という意欲がわき、その結果、何事にも積極的に行動できるようになります。

従って、**うれしいことがあった人と一緒になって喜び、そして、その人に祝福の言葉を送るということは、結局は、自分自身の人生にとても良い効果があるのです。**

嫉妬している場合ではありません。まして悪口を言ったり、嫌がらせをしようと思っているようでは、自分の意欲や元気のレベルを下げるだけです。

それは、自分自身の運気を下げる結果にしかなりません。

一緒に喜んであげてこそ、自分もやる気や元気が出てくるのです。

他人の幸せに嫉妬すれば、自分の運気が下がる。

5 誠実に「良いこと」をしている人を祝福する

仏教に、「随喜《ずいき》」という言葉があります。

この言葉には、「何か良いこと、正しいことをしている人に対して、それをわがことのように喜ぶ」という意味があります。

この仏教の「随喜」という考え方を実践していくことも、相手に「良い気」を送り、さらには自分自身が持つ「やる気」を活性化させることにつながります。

たとえば、職場の同僚に、会社のため、取引先のため、そして、世の中のたくさんの人たちの利益のために一生懸命に仕事をして会社から表彰された人がいたとします。

そういう場合には、そんな一生懸命に良いこと、正しいことをしている同僚のそばに寄り添って、その同僚の意欲や努力を、「良かったですね。すばらしいですね」と祝福します。

このようにして祝福し、その同僚のまじめで誠実な努力を一緒になって喜ぶことが、その同僚に「良い気」を送ることになります。

その結果、その同僚は、さらに一生懸命になって意欲的に仕事に取り込むようになるでしょう。

また、そんな同僚のがんばっている姿を見ることによって、自分自身も「私も負けてはいられない」という意欲がわいてきます。

自分の持っている「気」の働きが活性化され、「私も、この仕事を通して、会社のため、取引先のため、世の中のために良いこと、正しいことをたくさんしていこう」と、前向きに考えて行動していけるようになるのです。

このようにして、**もし身近に良いこと、正しいことを一生懸命になってやっている人がいたとしたら、その人と一緒になって「随喜」、つまり喜ぶことが大切です。すると自分も、元気とやる気がますます高まります。**

人を祝福すると、自分のやる気がアップする。

6 ユーモアで笑顔と元気をシェアする

元気な人というのは、一般的に、ユーモアを愛するものです。

面白いこと、おかしいことを言って、人をほがらかに笑わせるのが好きなのです。

相手を笑わせることで、その相手に喜びを与えるのです。

相手がうれしそうに笑っている顔を見れば、その人自身もうれしい気持ちになります。

笑っている人の顔を見ながら、その人自身が元気になっていくのです。

そういう意味では、普段から、ユーモアのセンスを磨いておくのがいいでしょう。

どういうことを言ったり、やったりすれば、人を気持ちよく笑わせられるかということを考えながら「笑いのネタ」を探すのです。

そういう意識を持ちながらテレビや雑誌を見ていれば、たくさんの「笑いのネタ」

が見つかると思います。それを手帳などにメモしておいて、人と会う時に披露するのです。

言うまでもありませんが、下品なものや、人をバカにするようなものは避けるほうがいいでしょう。

もちろん人間関係では、まじめな話、真剣な話をしなければならない時もありますが、気軽な雰囲気で世間話をするような席では、ユーモアのセンスを発揮して一緒にいる人たちも笑わせてあげるといいと思います。

「人を笑わせる」とは、その人に元気をシェアすることです。

それと同時に、ほがらかに笑っている相手の顔を見て、自分自身が元気になるということでもあるのです。

ユーモアで人を笑わせることが好きな人は、それだけその人自身が元気になっていくのです。

人を笑わせることが好きな人は、自身も元気になっていく。

7 相手の「自己承認欲求」を認める

心理学に、「自己承認欲求」という言葉があります。

人には誰でも、「自分の存在を認めてもらいたい。自分の性格や考え方、自分のやりたいこと、気持ち、生き方、努力などを、他人から認めてもらいたい」という精神的な欲求があります。

それが、「自己承認欲求」です。

この「自己承認欲求」が満たされると、その人は非常に喜ばしい気持ちになります。心が癒され、また、うれしい気持ちになるのです。

言い方を変えれば、対人関係では、自分から意識して、相手の考え方や努力を認めてあげるように心がけることが大切です。

それが、相手に喜びを与えるということになるからです。

そして、喜んでいる相手を見て、自分自身もまた、うれしい気持ちになっていきます。

つまり、自分自身の気持ちもプラスになっていくのです。

従って、**自分自身が「やる気を高めて生きる」という意味からも、相手が持っている「自己承認欲求」を満たしてあげるように心がけるのが良いと思います。**

たとえば、身近にいる人が、仕事や家事などで一生懸命になってがんばっているとします。

そんな時は、「がんばってますね。すごいな」と、ほめてあげます。

それが相手の「自分の努力を認めてほしい」という自己承認欲求を満たすことになります。

その一言で、相手にも自分にも、やる気が出てくるのです。

相手の努力を認めると、相手も自分もやる気が高まる。

8 成長している人を積極的にほめる

「自分の成長を認めてもらう」ということが、人にとっては非常にうれしいことなのです。

従って、自分のほうから意識して「相手の成長」の証を見つけ出して、積極的にそれをほめてあげるのが良いと思います。

そうすれば、その相手は一層元気になって、「もっと成長しよう」と、さらにやる気になるでしょう。

そんな相手の、元気とやる気にあふれた姿を見て、自分自身もまた元気になっていけるのです。

たとえば、すでに経験済みの方も多いと思いますが、親子関係です。

読み書きが上達した子供に対して、親が「成長したね、すごいね」と、ほめてあげます。

成長を認めてもらった子は、きっと、とてもうれしそうな顔をするでしょう。そして、元気な声で、「がんばって、もっとできるようになる」と答えるでしょう。

そして、実際に、意欲的に勉強をするようになると思います。

一方、親のほうでは、そんな子供の元気とやる気に満ちた様子を見ていると、うれしくてしょうがないのです。

子供の様子を見ながら、その親自身が元気になっていくのです。

このようにして相手の成長を認めてあげることも、心理学で言う「自己承認欲求」を満たしてあげることの一つの方法です。

わが子に限らず、部下や同僚、知人など、身近に「成長の証」を見せている人がいたら、ほめて認めてあげるのが人間関係を良くする秘訣です。

やる気に満ちた相手を見ることで、自分自身のやる気が高まる。

9 相手の内面性をほめる

「ほめる」ということは、相手を元気にする、もっとも良い方法の一つです。

そういう意味では、意識して人をほめるようにするほうがいいと思います。

ほめられた相手は、「自己承認欲求」を満たされて、うれしい気持ちになり、喜びを感じ、そして、元気になって、やる気をさらに活性化させます。

そして、そんな相手の元気はつらつとした様子を見ながら、自分自身も元気になり、やる気を高めることができます。

人を上手にほめるにはコツがあります。

それは、その人の「内面性」をほめる、ということです。

「困った人を助けるボランティアを15年続けるって、普通はなかなかできません。すごいですね」

といったように「内面性」をほめられると、ほめられた人の「自己承認欲求」はより深く満たされます。

従って、一層うれしく感じ、やる気になっていくのです。

もし外面や、何か具体的なことをほめるにしても、その内面性にからめる形でほめるのがいいと思います。

たとえば、

「いつまでも若々しく見えるのは、あなたの心がいつまでも若々しい証ですね」

「仕事ですばらしい成果を上げ続けるのは、それだけあなたの、この仕事にかける情熱がすごいからなんでしょうね」

といった、ほめ方です。

このように人をほめると、相手も、そして自分自身の気も充満するので、やる気がアップします。

人を「ほめる」とは、「その人の内面性を認める」ということである。

10 相手に寄り添うだけで、自分も元気になる

何か悩み事があって落ち込んでいる相手のそばに寄り添って、話を聞いてあげるということも、その相手の「自己承認欲求」を満たすことにつながります。

それだけでも、その相手は非常にうれしい気持ちになります。

また、その相手にとって、それがやる気や元気を取り戻す良いきっかけにもなるのです。

やる気や元気を取り戻した相手を見て、自分自身もまた、やる気がアップします。

ですから、家族や友人など、身近な人が、何か悩み事がありそうな様子で物思いにふけっているような時は、そばにそっと寄り添うと良いでしょう。

そこで、そんな相手を無視するような素振りを見せようものなら、その相手はきっと、「私は、この人から全然認めてもらっていないんだ」という不信感を抱くことに

なるでしょう。

その結果、その相手は、ますますやる気や元気を失っていくでしょうし、自分とその相手との関係もギクシャクすることになるのではないでしょうか。

従って、身近にもし思い悩んでいるような人がいたとすれば、その人のそばに寄り添って、やさしく「どうしたの？」と声をかけてあげましょう。

親身になって、誠実に、相手の話を聞いてあげます。

そして、もし自分にできることが何か具体的にあれば、それをしてあげるのが良いと思います。

そうやって、相手が元気を取り戻すのを手伝ってあげます。

そうすれば、今度は自分が何か落ち込んでいるような時には、その相手が良き相談相手になってくれるでしょう。

自分自身がやる気や元気を取り戻すために、その相手が手を貸してくれるでしょう。

「話を聞いてもらう」と、承認欲求が満たされる。

第8章

「会社のため」から「世の中のため」にシフトする

1 アドラーの「幸せの3条件」

オーストリアの精神科医で、心理学者でもあった人物にアルフレッド・アドラー（19～20世紀）がいます。

アドラーは「幸せに生きる人」になるためには3つの条件があるということを指摘しています。

それは、次の通りです。

①自分自身が好きであること。
②良い人間関係を持っていること。
③人や社会に貢献していること。

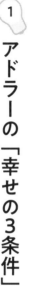

この中で、一番大切なのは3番目の「人や社会に貢献していること」であるように思います。

まずは、人や社会のために誠実に貢献します。

そうすれば、多くの人たちから尊敬され、親しまれます。

その人の周りには、いい人たちがたくさん集まってきます。

その結果、「自分自身を好きになる」ということになります。

また、多くの人たちから尊敬され、親しまれるから、「良い人間関係を持つ」ということも可能になるのです。

意欲を高めるためにまず最初に考えるべきことは、「今の自分の能力や知識を使って、どうやって人のために、社会のために貢献するか」ということです。

まずは、どうやって貢献するかを考える。

2 世の中に気を配れば「何ができるか」見えてくる

「50代の今まで、会社や家庭で求められる役割を必死に果たしてきた。それ以外にも世の中に貢献したいが、具体的にどういうやり方があるのか、いったい何をすればいいかわからない」という人は多いのではないでしょうか。

そういう場合は、身の周りの状況や、世の中の現在の状況によく気をつけ、気配りをするように心がけることから始めると良いと思います。

よく気をつけていると、色々なことがわかってきます。

「ここに困っている人たちがいる」

「自分がこういう行動をすれば、この人たちは助かるんじゃないか」

「自分にも貢献できそうなことがたくさんある」

ということがわかってきます。それを行動に移せば良いのです。

以前、スーパーボランティアと呼ばれる人が話題になりました。当時80歳近くの男性でしたが、元気に全国の被災地などでボランティア活動をしていました。この男性も、毎日、新聞をよく読むことを日課にしていたそうです。

新聞を通して、世の中でいま何が起こっているかに、いつも気をつけていると、「社会貢献のために、自分がいま何をしたらいいか」が見えてくると言います。「新聞を読む」ということも、世の中の出来事や人々に対して気を配る方法の一つなのでしょう。

新聞の他にも、テレビを見たり、人の話を聞いたりして、世の中に気を配って、人や社会のために貢献していくという方法があります。そうすることで、このスーパーボランティアの男性のように、やる気満々になれます。

広く気を配っていると、やるべきことが見えてくる。

3 貢献すると自己肯定感がアップする

心理学に、「自己肯定感」という言葉があります。

自分自身を否定的に考えるのではなく、肯定的に受け入れることができる感情を示す言葉です。わかりやすく言えば、

・「自分は生きていていいんだ」と思える感情
・「自分は大きなことを成し遂げることができる」という自信の感情
・「自分には長所がたくさんある」と思える感情
・「自分は、人のため、世の中のために役立っている」と思える、誇りの感情

と言うこともできます。
人が生きていくためには、とても大切な感情の一つです。
つまり、この自己肯定感という感情を高く保っていけてこそ、その人は幸福な、そ

して充実した人生を築いていくことができます。

では、どうすれば自己肯定感をアップできるのかと言えば、その方法の一つが「貢献する」ということなのです。

人のために、世の中のために貢献する活動を行うのです。

たとえば、人の話を聞いてあげたり、色々な知識を教えてあげたり、相手が主催するイベントに参加してあげたりします。

そうすれば、多くの人たちから喜ばれ、感謝されます。自分自身も「良いことをした」という満足感を得られます。

このような貢献活動を継続することで、自己肯定感がアップします。

つまり、貢献することで元気になれ、やる気がアップします。

人から感謝されると、生きる自信となる。

4 自分の欲しか考えない人は、やる気を失う

自分の欲を満たすことしか考えない人は、「社会貢献なんて意味がない」と言うことがあります。

「自分が損をするだけだ」と考えるのです。

しかし、実際は違うようです。

社会貢献し、世の中の人々の喜びのために自分を犠牲にすることで、「自分は役に立っている」「私は、人から感謝されている」ということを実感できます。

その喜びから、心の中にプラスの想念が充満し、その人はどんどんやる気になっていきます。

反対に、自分の欲を満たすことしか考えない人は、世の中の人々のためになるようなことは何もしません。ですから、感謝されることがありません。

従って、「自分は、この世の中で何かの役に立っている」という実感を得ることも、残念ながらできません。

つまり、欲張りな人は、いつも孤独になってしまいます。孤独の寂しさの中で生きていかざるを得ないのです。

ですから、欲張りな人は、どんどんやる気や元気を失っていきます。

そのために、結局、「自分の欲を満たす」ということのために必要なエネルギーさえ失うのです。

つまり、欲張りな人ほど、生きていくために必要なやる気を失うために、結局は、欲していたものを何も手にできないまま終わることになりかねません。

人や社会に貢献していく生き方を選択するほうが賢明です。

やる気がなければ結局、何も手にすることはできない。

5 社会貢献のために学ぶ

物理学の分野で活躍した人物に、アルベルト・アインシュタイン（19～20世紀）がいます。「相対性理論」を発見した、天才的な物理学者として有名です。

アインシュタインは、次のような意味のことを述べています。

「人が学校で学ぶ第一の目的は、必ずしも、通常の成功を手にするためではない。学ぶことの動機とは、その結果として社会に貢献できるという期待感である（意訳）」というものです。

今の日本では、義務教育を通して、誰でもが「学ぶ」という機会を得ます。高校や大学、そして大学院まで進学する人もいるでしょう。あるいは、海外に留学する人もいるかもしれません。なぜそこまで一生懸命になって勉強するのでしょうか。

もちろん、「一生懸命勉強して、成績を上げて、収入の多い仕事を得て、不自由のない生活を送るため」というように考える人もいるでしょう。これは必ずしも悪いことではないと思います。しかし、アインシュタインは、この言葉で、「そのように自分の思いを叶えることだけを、学ぶ目的にしてはいけない。一生懸命に勉強して、色々な知識や技能を身につければ、それを生かして『社会に貢献することができる』という期待感を原動力として、勉強に励むのがいい」

と指摘しています。

「社会貢献」という意識があってこそ、学ぶということに真の喜びを実感でき、また、その人は社会に出てからも活躍していける、ということをアインシュタインは言いたかったのでしょう。

「会社に貢献する」ことを通じて社会に貢献してきたのが、多くの50代だと思います。大半の人は、いずれ定年で会社を離れます。50代になったら、会社という枠とはまた別に、社会に貢献するという意識を持つことが必要になってくると思います。

社会貢献の意識があってこそ、真剣に学べる。

6 「会社のため」より「社会のため」

50代の会社員に、

「何のために一生懸命になって働いているのですか？」

と質問したら、

「自分の能力や経験を生かして会社に貢献し、収入や立場を維持したり良くしたりして、家族と自分の生活を守り、老後に備えるため」

と答える人がほとんどだと思います。

正しいと思いますが、疑問もあります。

自分が持っている力のすべてを「会社のため」に捧げる必要はなく、その先に「社会貢献」を見据えるほうがいいのではないでしょうか。

つまり、「この仕事を一生懸命になってやることを通して、社会に貢献したい。世の中の人たちの力になりたい。それが会社の発展に役立つだろう」と考えるのです。

そのように**「社会貢献」を念頭に置いて仕事をするほうが、やる気を強く持って仕事に当たれると思います。**

「会社のため」しか頭にない人は、人間性の幅が狭い、いわゆる会社人間になってしまいがちです。

もっと広い視野に立って「社会貢献」のために仕事をすれば、その人の人間性ももっと広く、もっと深く、成長していくと思います。

そして、それに伴って、その人が持っているやる気も、より強くなっていくと考えられます。

「会社のため」だけにがんばっていこうという人よりも、「社会のため」に努力していく人のほうが、よりやる気を持って生きていけます。

「社会のため」にがんばるほうが、やる気を高く維持できる。

7 ドラッカーが説く「会社の目的」

経営学者であり、社会学者としても活躍した人物に、ピーター・ドラッカーがいます。

オーストリア出身で、主にアメリカで活躍しました。

企業の「マネジメント（経営）」を、初めて学問として体系化した人物として有名です。

ドラッカーは、**「組織は存在することだけが目的ではない。組織の永続が成功ではない。組織は社会の機関である。つまり、外の環境に対する貢献が目的である」**と述べました。

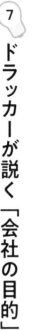

この言葉にある「組織」とは、「会社」などの組織です。

会社の中で働く人たちは、その会社が将来的に長く存在し続けることができるように、一生懸命に仕事をします。

そのように社員が「会社の永続」を願って仕事をすることは、もちろん悪いことではないでしょう。

しかしドラッカーは、この言葉で、会社が存在する目的は、「永続すること」だけではないと指摘するのです。

それよりも、もっと大切なのは「社会貢献」であると言うのです。

会社は社会の人たちに貢献するために、この社会の中の一つの「機関」として存在しているのです。

そして、その中にいる人たちも、「社会貢献する」を第一の目的するほうが良いのです。

そうすれば、会社も社員もやる気になり、元気になると思います。


会社も社員も「社会貢献」するために存在する。

8 やる気が枯れないシニアに学ぶ

50代の人にはまだ早い話になりますが、60代、70代、80代と年齢を重ねても、老け込むことなく、元気に暮らしている人がいます。

そんな元気な人たちには、共通点があることが知られています。

その一つは、「社会貢献」への意識が高く、自分なりに実践している、ということです。もちろん、年齢を重ねれば無理はできませんが、自分のできる範囲で、「社会の人たちの役に立ちたい」という意識がとても強いのです。

たとえば小学校に通う子供たちの見守り活動をする、といった社会貢献活動をしています。図書館で読み聞かせをする人もいますし、自治会で活動する人もいます。現役時代の仕事で培ったスキルを生かして、海外協力隊などに参加する人もいるようです。

そのように社会貢献への意識が高い人は、年を重ねても気が若く、やる気を持って毎日を過ごしているようです。これが元気で長生きの秘訣になっているのでしょう。

また、社会貢献活動に積極的に参加すると、たくさんの人たちとの交流が生まれます。孤独にならず、たくさんの人とつき合っていくことも、良い刺激になっているのでしょう。

まだまだ先の話に思えるかもしれませんが、50代のうちから動き始めても決して早すぎることはありません。

「自宅と会社の往復で平日は疲れ果て、休日はダラダラすごして終わる」という生活で50代を過ごしてしまうと、マンネリに陥り、脳も老化し、新しいことに興味を持ったり、やる気を持って何かにチャレンジすることが年々むずかしくなってしまいます。

50代のうちから、社会貢献活動への参加を現実的に考えることが、先々までやる気を保つ秘訣です。


社会貢献が「やる気のダウン」と孤独から自分を守る。

9 「困っている人」と「詳しい人」をつなぐ

人に貢献する方法の一つに、「人を紹介する」「人と人をつなげる」というものがあります。

たとえば、友人の一人が、「私の長い入院生活から無事に家に戻れた記念に、お見舞いに来てくれた人たちを招いてランチパーティをやることになったんだけど、どんな料理を出して、どんなおもてなしをすればいいかわからない」と話したとします。

そのような時には、料理が得意な人を紹介してあげるのです。

参考になるはずです。

実際に紹介して3人で会う機会を設けるのが良いケースもあると思います。

このように、「困っている人」と「その分野に詳しい人」のつなぎ役として力になってあげるのです。

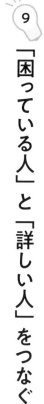

良い人を紹介できれば、相手は感謝してくれるでしょう。その感謝の気持ちを受けて、自分自身も心が元気になっていきます。

また、友人は、「良いお礼ができた」と喜ぶでしょう。その姿を見て、自分も元気になっていきます。

誰でも身近なところに、何かしら困った問題を抱えている人がいるのではないでしょうか。

一方で、自分の知り合いの中には、その「困った問題」について詳しく、いいアドバイスをできる人がいるのではないかと思います。

そんな時には、「人に貢献する」という意味で、その両者をつなぐ役割を果たしてあげるのです。

そのような心が、自分を元気にし、やる気を高めていきます。

「人や情報を紹介する」という貢献の仕方もある。

第9章

「やりたいこと」がますます大事になる

1 「やりたいこと」があるだけで元気になれる

　ここまですでにお話ししてきましたが、最終章であらためて「気」が「やる気」に与える影響についておさらいしながら、やる気の高め方を考えていきましょう。

　人は「気」というものを持っています。わかりやすく言えば、その人が持っている「生命エネルギー」と言っていいでしょう。

「元気になる」「元気が出る」と言うのは、その人が持っている「気」、つまり「生命エネルギー」が活性化することを意味します。

　50歳くらいになると、放っておくとエネルギーのレベルが落ちてきます。しかし、ちょっとメンテナンスをすれば、それは防げますし、むしろ若い頃より元気でやる気にあふれているという状態にもなれるのです。

　たとえば、「こんなことをしてみたい」というものがあると、その人が持っている

「気」が活性化します。

そして、心も体もどんどん元気になっていきます。

従って、自分なりに何か「やりたいこと」を持つのが、やる気を高める一つの方法です。

その際のコツは、**幅広い分野で、たくさん持つ**ことです。

たとえば、仕事では、「自分の考えた企画を実現したい」。

プライベートでは、「来年の夏には、ずっと行ってみたいと思っていたあの避暑地に旅行してみよう」など。

その他にも、「あの仕事を完成させる」とか、「来年までにあのエリアに引っ越す」といった「やりたいこと」をたくさん持つのです。

幅広い分野で、たくさんの「やりたいこと」を持つ。

2 停滞せず活発に動けるようにする

「元気」というのは、「生命が持つもともとのパワー」という意味です。

言い換えると、「元始《げんし》の気」ということだと言われています。

また、「元気」には、「源気」という書き方もあります。

この場合には、「生命の根源的なパワー」という意味があります。

いずれにしても、人が生きていくに当たって、非常に大切なのが、この「気」なのです。

「気」が活発に活動しているからこそ、その人は元気に生きていけます。

この「気」の活動が衰えてしまった状態というのは、精神的な「落ち込み」とか「悩み」、あるいは身体的な「病気」を意味します。

そして、もしも「気」の活動がすべて止まってしまったとしたら、それは「死」を意味します。

従って、生きている限りは、自分が持っている「気」の力を最大限発揮して、「気」がいつも活発に働くように心がけるのが良いと思います。

それが、「やる気を持って生きる」ということにつながります。

そして、どのようにすれば自分が持っている「気」が活性化するのかと言えば、その方法の一つが**「やりたいことを持つ」**ということなのです。

つまり、「プロとしての存在価値を高めたい」とか「趣味のサークルで良い仲間を作りたい」いったような自分なりの「やりたいこと」を持って生きることなのです。

中高年と言われる年齢になっても、そのような「やりたいこと」があると、心にも体にもどんどん元気が生まれてきて、その「やりたいこと」に向かって前向きに、積極的に生きていけるようになります。

「やりたいこと」があると、心も体も元気になっていく。

3

「やりたいこと」があると陽気になる

人間が持つ「気」は、いつも同じ状態ではありません。

それは絶えず変化しています。

それは、たとえれば、「空《そら》」と同じです。

空は、晴れ渡っている時もあれば、雲っている時もあれば、雨の時もあります。

おだやかな時もあれば、風が吹いている時もあります。

そのようにして人間が持つ「気」というものも、その状態は刻々と変化していくのです。

たとえば、「陽気」と「陰気」という言葉があります。

「陽気」とは、空で例えれば、きれいな青空が気持ちよく広がっているような状態です。そのように心が澄み渡り、何となく楽しく、何事にも前向きに取り組める精神的な状態が「陽気」です。

一方で、「陰気」とは、空に例えれば、どんよりと曇った状態です。

どこか気分が晴れず、何となく気持ちが落ち込んできて、何もやるにも前向きになれない、といった精神状態です。

しかし、空模様と、自分が持っている「気」には、ある違いがあります。

それは、空模様は自分の思い通りにはなりませんが、**「気」は、ある程度、自分の工夫次第で変えていける**ということなのです。

たとえば、何か楽しい「やりたいこと」を持って生きていくことを心がけるだけでも、心は「陽気」になっていきます。しかし、何もやりたいことを持たず、ただ漠然《ばくぜん》と生きていると、悩みが出てきた時に心はだんだん「陰気」になっていきます。

自分の「気」は、自分の工夫次第で変えられる。

4 「やりたいこと」がキッカケで生まれ変わる

次のような話を聞いたことがあります。

50代の男性がいました。ある会社で働いていましたが、職場での人間関係に悩んで、会社を辞めました。

それ以来、自宅で引きこもるようになりました。

新しい仕事先を見つけるために再就職活動をしなければならないのですが、どこかの会社に就職するにしても、また人間関係で辛い思いをすることになるのではないかと不安で、再就職先を見つける努力もできなくなったのです。

結局、1年ほど引きこもりの生活を送っていました。

しかし、今は元気に暮らしています。

なぜ彼が引きこもりの状態から脱出できたのかと言えば、それには一つのきっかけがありました。

それは、**「やりたいことができた」**ということです。

引きこもっていた時、テレビを見ていると、ある人物が紹介されていました。その人物は以前、引きこもりでした。しかし、今は介護福祉士として元気に活躍しているというのです。

テレビでそんな人物がいることを知った彼は、それをきっかけに、「私も介護福祉士になりたい。介護福祉士として活躍したい」と思うようになりました。

そして、その「やりたいこと」の実現のために一念発起して学校に通うようになりました。年下に囲まれての通学でしたが、実際に介護福祉士になって、今は元気に活躍しています。人間関係についても、仕事場である施設の人たちと仲良く、明るくつき合っています。

やりたいことを持つことで人は「やる気」「陽気」を取り戻すことができます。

やりたいことを持つことで、新しい人生が開ける。

5 失敗を怖れると、「気」の力が弱まっていく

やりたいことを持つことで、心も体も元気になります。

与えられた人生を充実したものにしていけるのです。

逆の言い方をすれば、「やりたいことがない」という人は、元気のない生活を送っていくことになりがちです。いつも覇気《はき》がなく、暗い表情をして暮らしていくことになりかねません。

このような「やりたいことがない」というタイプの人たちには、ある共通点があるように思います。

それは、たとえば、「失敗することへの恐怖心が強い」ということです。

本心では、「やりたいことを持って、そのやりたいことの達成のために元気に生きていきたい」という気持ちはあります。一方で、

「この歳で新しいことを始めて失敗したらイヤだ」
「今さら、失敗して恥をかきたくない」
「今まで、がんばっても報われない経験を山ほどしてきた。もうがっかりしたくない」
という思いが強いのです。

そのために、結局、あえてやりたいことを持とうとしません。やりたいことを追い求めていこうとはしないのです。

そのような「失敗することへの恐怖心」は、やる気を奪っていきます。

失敗を怖《おそ》れることなどありません。たとえ当初の目標をクリアできなかったとしても、それに向かって再びチャレンジするだけでも、やる気が出てきます。

そして、そのやる気が、その失敗を乗り越えていく力を与えてくれるのです。

「やりたいこと」に向かってチャレンジするだけで、やる気が出る。

6

「気の力」が無尽蔵になる法則

仏教の言葉に、「無尽蔵《むじんぞう》」というものがあります。

仏教的に言えば、この言葉は、「仏の徳は、決して尽きることはない。仏の教えには、それほどたくさんの徳がある」という意味を表しています。

この「無尽蔵」という言葉は一般的にも使われますが、一般的にわかりやすくいえば、「いくら取ってもなくならない。いくら使っても、無限にある」という意味を示しています。

人も、この「無尽蔵」、つまり、「いくら取ってもなくならない。いくら使っても無限にある」というものを持っています。

それが「やりたいこと」です。

一つのやりたいことを達成することに失敗したとしましょう。

しかし、だからといって、その人の中から「やりたいこと」がなくなるわけではありません。それこそ無尽蔵に、新しいやりたいことが次から次へと生まれてきます。

言い換えれば、だからこそ失敗することを怖れる必要はまったくないのです。失敗して、途中で挫折して、一つのやりたいことを諦《あきら》めざるを得なくなったとしても、あまり気にすることはないのです。

なぜなら、新しい「やりたいこと」が生まれてくるからです。やりたいことは無尽蔵なのです。

ですから、その「新しいやりたいこと」に向かってがんばっていけばいいだけなのです。そのようにして、**やりたいことの内容は変わったとしても、次から次へと生まれてくる「新しいやりたいこと」に向かってチャレンジしていくことを続けていけば、その人は何歳になっても、永遠にやる気満々で暮らしていけます。**

何歳になっても、新しい「やりたいこと」は次から次に生まれてくる。

7 妄想に振り回されず、やりたいことをする

失敗することを怖れて、やりたいことに向かって行動を起こさない人がいます。

しかし、その「失敗」とは、よく考えてみれば、まだ起こっていないことです。

また、これから本当に起こるかどうかもわからないことです。

そんな「起こるかどうかもわからないこと」を「起こるに違いない」と決めつけて、それを怖れることは、ある意味、愚かなことではないでしょうか。

それは、例えれば、本当に実在するかどうかわからない幽霊を怖れて、何もできなくなるようなものなのです。

そういう意味から言えば、「失敗することへの怖れ」とは、その人が作り出した「妄想」にすぎないと考えられるのではないでしょうか。

「気」という考えから言っても、「妄想にとらわれる」ということは良いことではあ

りません。

妄想にとらわれて心配したり、不安に思ったりしていると、「気」の働きがどんどん悪くなっていくからです。

つまり、やる気を失っていくのです。

やる気というものは、現実的に行動している時に活発になっていきます。実際にやりたいことの達成に向かって行動している時に活性化していくのです。

大切なことは、頭の中で実際に起こっていないことを、あれこれと考えて悩むのではなく、やりたいことの実現に向かうということです。

やりたいことに向かう気持ちがあれば、「気」の働きが良くなります。心が元気になります。

元気になるにつれて、余計な心配事も消えていきます。

やりたいことに向かえば、余計な心配事が消えていく。

8 コンプレックスがあるから「やる気」が出る

「やりたいことや目標を持つ」ということに対して、後ろ向きな気持ちを持ってしまう人がいます。

やる前から「自分が目標を叶えられるはずがない」と決めつけてしまうのです。その結果、いつもやる気や元気がない様子で暮らしているのです。50歳にもなるとなおさらその傾向が強まります。

では、なぜ、やりたいことを持つことに、そのように消極的な気持ちになるのかと言えば、その理由の一つに、「自分に劣等感を強く感じている」ということがあります。

たとえば、「学歴が低い自分に、この歳になってから資格なんてムリ」

「不器用な自分が、50代の今から仲間を増やすなんてむずかしい」

といったように、自分が普段コンプレックスに感じていることを「やりたいことを始められない理由」にして諦《あきら》めるのです。

このようなタイプの人は、発想の転換をするのが良いと思います。「コンプレックスがあるからムリ」という発想をやめて、「コンプレックスがあるからこそ、できる」という考え方をしてみます。

実際に、コンプレックスを「やる気」の原動力にして、やりたいことを始め、目標を現実化する人もいます。

たとえば、学歴が低いということにコンプレックスを持っていた人が、「だからこそ、学歴が高い人には負けたくない」と、やる気をかき立てて資格試験にパスするとか、不器用ということにコンプレックスがある人が、「だからこそ、器用な人には負けられない」と、やる気を燃やして、楽器の演奏ができるようになるなどです。

コンプレックスを、ポジティブな方向に考えることができれば、やる気は活性化して、実際に目標の実現が近づいてくるのです。

「負けたくない」で、やる気が活性化してもいい。

9 劣等感を上手に「負けん気」に変える

「負けん気」という言葉があります。これも人が持つ「気」の一種だと考えていいでしょう。「人に負けたくない気持ち」という意味があります。

この「負けん気」という「気」を上手に活用することが、劣等感というものをポジティブにとらえ直して、それを「やる気」に変えていくコツの一つになります。

マンガ家、また、アニメーターとして活躍した人物に手塚治虫がいます。『鉄腕アトム』や『火の鳥』といった作品でよく知られています。

手塚治虫は、「自分は負けん気でもっているみたいなものだ。逆に言うと、劣等感があったから、続いたともいえる（意訳）」と述べました。

手塚治虫と言えば、多くの人から成功者と思われていますが、実は本人は、とても劣等感が強かったと言います。

「自分はマンガが下手だ」という劣等感をひそかに抱き、ライバルのマンガ家がヒット作を作ると、その人と自分を見比べて「自分はダメだなぁ」と落ち込むこともあったと言います。

しかし、手塚治虫は、そこで終わりませんでした。

大御所になってからも、何歳になっても、「負けてたまるか」という負けん気を発揮して、「良いマンガを描くぞ」と、さらに一層やる気を盛り立てることができたのです。

そういう「負けん気」という「気」の働きがあったからこそ、手塚治虫は、劣等感をうまく利用しながら、良いマンガを描き続けることができたのです。

誰にでも、劣等感の一つや二つあるものです。50代になっても、それは変わりません。しかし、それを「負けん気」に変えていくことが重要なのです。

「負けん気」という「気」を働かせるとやる気が出る。

10

他人と関係なく、自分の気持ちを考える

心理学に、「同調性」という言葉があります。

「自分の意見や考え方を主張せずに、周りの人たちに合わせる」という心理傾向を表す言葉です。

周りの人たちと仲良くつき合っていくためには、とても大切な心の働きと言ってもいいでしょう。

周りの人たちと合わせることなく、わがままを言いたい放題、やりたい放題では、周りの人たちから嫌われることになるからです。

しかし、この「同調性」があまりにも強くなりすぎると、問題が生じる原因になる場合もあります。

特に、「やりたいことを持てない」という人の中には、この「同調性」が強すぎる

人もいます。

50代ともなると、何十年も人に合わせることを優先してきて、それがすっかり身についてて当たり前になってしまい、「自分は何をしたいのか」「自分のやりたいこととは何なんだろう」ということを、ゆっくりと考えてみる精神的な余裕がなくなってしまう人もいます。

そのために、自分ならではのやりたいことを持てず、「何となくやる気が出ない」ということにもなりがちです。

そういう意味では、もちろん「人と合わせる」ということも大切ですが、その一方で、自分自身の心と向かい合う時間を持つことも大切です。

周りの人たちの意向とは関係なく、自分は何をしたいかと考える心の余裕を持つように心がけるのです。そうすることで、自分ならではのやりたいことが見つかります。

そして、やりたいことが見つかれば、やる気も出てきます。

周りの人たちと合わせすぎると、「自分のやりたいこと」を見失う。

■著者プロフィール

植西 聰（うえにし・あきら）

東京都出身。著述家。学習院高等科・同大学卒業後、資生堂に勤務。独立後、人生論の研究に従事。独自の『成心学』理論を確立し、人々を元気づける著述活動を開始。

1995年、「産業カウンセラー」(労働大臣認定資格)を取得。

主な著書に『「折れない心」をつくる たった1つの習慣』（青春出版社）、『平常心のコツ』（自由国民社）、『人生を動かす哲学者の言葉』（永岡書店）、『自分を責めないコツ』（秀和システム）などがある。

50歳《さい》からの やる気《き》のツボ

発行日　2023年　2月15日　第1版第1刷

著　者　植西《うえにし》　聰《あきら》

発行者　斉藤　和邦
発行所　株式会社　秀和システム
〒135-0016
東京都江東区東陽2-4-2　新宮ビル2F
Tel 03-6264-3105（販売）Fax 03-6264-3094
印刷所　日経印刷株式会社　Printed in Japan

ISBN978-4-7980-6941-8 C0030

定価はカバーに表示してあります。

乱丁本・落丁本はお取りかえいたします。

本書に関するご質問については、ご質問の内容と住所、氏名、電話番号を明記のうえ、当社編集部宛FAXまたは書面にてお送りください。お電話によるご質問は受け付けておりませんのであらかじめご了承ください。